Par Nolivos de Saint-
Cyr d'après Barbier
attribué g.q.f. à Laval

R. 7831.
 5.A.   porté

TABLEAU DU SIÉCLE.

PAR UN AUTEUR CONNU.

ΓΝΟΣΤΙ ΣΕΑΥΤΟΝ.

A GENEVE.

M. DCC. LIX.

A MONSEIGNEUR,
MONSEIGNEUR
DE MAUPEOU,
Ancien Premier Président du Parlement de Paris.

ONSEIGNEUR,

Je n'ai point l'honneur d'être connu de Vous, je ne vous ai point demandé la permission de vous offrir mon Ouvrage; mais j'ai droit de le consacrer à la Vertu. Daignez, s'il vous plaît, le recevoir comme un tribut qui fait partie du respect & de la vénération dont tous les bons Français sont pénétrés pour le plus sage, le plus intégre & le plus laborieux de tous les Magistrats. Si mon Livre peut vous être agréable, ce sera, sans doute, par les hommages qu'il rend à la Vertu, & sur-tout par les sentimens d'amour dont il est rempli pour la Personne sacrée d'un Prince que vous avez servi avec un zèle aussi ardent que généreux.

*Lorsque j'ai entrepris la peinture du siécle, j'ai cru qu'en démontrant les abus dont tous les états qui composent la société sont remplis, il pourrait en revenir quelqu'avantage au public. C'est donc le seul desir d'être utile à mes Concitoyens qui m'a inspiré. Un ouvrage produit par un si louable motif, peut-il être offert à un autre qu'à Vous, M*ONSEIGNEUR*, dont tous les travaux n'ont eu pour principe & pour fin que la gloire du plus grand des Rois & le bonheur de ses sujets?*

J'ai l'honneur d'être, avec vénération,

MONSEIGNEUR,

Votre très-humble &
très-obéissant Serviteur.
DE ******

PRÉFACE.

'Il est vrai que l'émulation soit la mere des talens, il n'est pas moins certain qu'elle est naturelle à tous les hommes, parce qu'elle est la fille de l'amour-propre. Nous naissons tous avec le desir de connaître; mais les lumiéres que nous acquérons par l'étude ou l'expérience, quelques utiles qu'elles nous soient personnellement, cesseraient d'être l'objet de nos recherches s'il fallait les cacher dans l'obscurité du silence. Je regarde tous les hommes comme une seule & unique famille dans laquelle les talens sont le droit d'aînesse. Tous ambitionnent ce droit, & pour obtenir la préférence, chacun d'eux expose au grand jour ce qui doit contribuer à lui mériter une distinction qui le flatte. Cette ambition forme le lien de la société; c'est le chef-d'œuvre du Créateur. Sans elle, toute la nature languirait dans l'inaction; par elle tout s'anime & se vivifie. Bien loin donc de considérer l'amour-propre comme un défaut, je soutiens qu'il a toutes les qualités qui caractérisent la vertu, & qu'enfin c'en est une pour quiconque ne le fait point dégénérer en vice.

On confond assez souvent l'amour-propre avec l'orgueil & la vanité; de-là naissent tous les jours mille brocards contre un sentiment aussi raisonnable qu'il est naturel. Funeste effet de l'ignorance des déclamateurs! Je dis que l'amour-propre est une vertu nécessaire au lien de la société: je le prouve.

Désirer l'estime de ses concitoyens, est sans doute un sou-

PRÉFACE.

hait très-légitime. Je sais que je n'y puis prétendre qu'en leur devenant utile ; je travaille & j'employe toutes sortes de moyens permis & honnêtes pour enrichir ma patrie, faire fleurir les Arts, affermir sa puissance. Voilà l'effet de l'amour-propre, & cet amour-propre est l'organe de la toute-puissance du Créateur & du bonheur de la créature. Sans le voluptueux sentiment qui nous flate en faisant le bien, le ferions-nous?

Je n'ignore point que l'amour-propre se change souvent en vanité ; mais parce que la bravoure se convertit quelquefois en férocité, le véritable courage en est-il moins héroïsme ? Travailler à mériter des distinctions en faisant le bien, c'est amour-propre, c'est vertu. Croire être seul digne de ces mêmes distinctions, c'est vanité, c'est vice.

Pourquoi, dira-t'on, cette dissertation à la tête d'un ouvrage qui doit faire connaître l'esprit & les mœurs de notre siécle, pourquoi ? C'est que malgré la résolution où je suis de garder l'anonyme, je serais fâché de pouvoir être taxé de présomption & de fatuité. Rien ne me tient plus à cœur que l'estime des honnêtes gens; mon amour-propre m'engage à faire tous mes efforts pour la mériter, & je serais au desespoir qu'un motif aussi louable ne portât point avec lui le caractére de la vertu.

Le plaisir de satiriser ne m'a point mis la plume à la main; c'est uniquement le desir d'être utile à mes concitoyens qui m'a déterminé à leur presenter l'image de leurs vertus & de leurs défauts. Un ouvrage tel que celui-ci est une semence qui tombe indistinctement sur de bonne & sur de mauvaise terre; le fruit qu'un seul grain de cette semence peut produire, dédommage avantageusement de la perte de celle que les ronces & les épines

PREFACE. xj

étouffent. Un seul abus corrigé est plus que suffisant pour qu'un Auteur s'aplaudisse d'avoir donné lieu à cette réforme lorsqu'il aime la vertu. Je sais bien que quelqu'excellente que soit une morale, quelque séduisante que puisse être la manière dont on l'expose, on est long-tems à en recueillir l'effet salutaire ; mais pour continuer la comparaison que je viens de faire, ne faut-il pas que le grain meure en terre avant de germer?

On lit un Livre qui excite la curiosité par des anecdotes singuliéres ; on se plaît à y trouver quelques pointes d'épigrammes ; on croit n'égayer que son esprit, & cependant les leçons de vertu vont droit au cœur : le sel dont elles sont assaisonnées est un effet de l'adresse de l'Auteur, qui sait qu'on ne le lirait pas s'il s'en tenait à la simple exposition des devoirs qu'il veut prescrire.

A la vue du tableau que je fais des différens états de la société, & des abus qu'on peut reprocher à notre siécle, on serait peut-être tenté de croire que je donne dans la ridicule opinion de ceux qui prétendent que les hommes devenant tous les jours plus pervers & plus corrompus, on doit s'attendre à voir enfin le mensonge prévaloir sur la vérité, & l'iniquité sur la justice. Il s'en faut bien que ma façon de penser s'accorde avec celle de ces attrabilaires. Notre siécle a sans doute besoin d'une prodigieuse réforme ; mais malgré ses défauts, nous n'avons point lieu de regretter les mœurs & les usages des tems passés. Nos ayeux pouvaient avoir certaines perfections dont nous n'avons pas hérité, on a raison d'en témoigner de la douleur lorsque la circonstance l'éxige ; mais il ne faut pas s'aveugler assez pour croire qu'ils valussent mieux que nous.

Quand je me plains, par éxemple, de *l'extinction presque générale de la foi*, il ne s'ensuit pas de-là que je veuille voir renaître ces jours où le paganifme faifait couler le fang des Chrétiens avec affez d'abondance pour teindre les eaux de la Saone, comme les actes des martyrs en rendent témoignage.

Il s'en faut bien que je regarde l'antiquité avec cet œil de prévention qui dégrade tout ce qui eft moderne. Rien n'eft fi facile que de s'emporter avec chaleur contre les mœurs du tems. On croit avoir fait une cenfure bien jufte & bien raifonnable, lorfque dans un entoufiafme ridicule on s'écrie, quelle différence entre la conduite innocente de nos peres & la nôtre ! Tout aujourd'hui dégénére, il n'y a plus que futilité parmi les hommes. Notre fiécle ferait-il donc tombé dans la débauche ou dans l'enfance ? Peut-on raifonnablement foutenir que les hommes deviennent tous les jours plus méchans ? Ofera-t'on dire qu'ils font moins éclairés aujourd'hui qu'ils n'é-

PREFACE.

taient du tems de Pharamond ? C'est ce qu'il faut examiner ; & si je prouve qu'ils acquiérent tous les jours plus de lumiéres & de vertu, ce sera sans doute une obligation qu'ils m'auront de les soustraire à l'ignominie dont ils se couvrent eux-mêmes.

Je voudrais bien savoir sur quoi l'on se fonde quand on exalte le mérite des siécles passés. Remontons jusqu'à l'origine du monde : faut-il regretter la pureté des mœurs d'un tems où leur perversité contraignit l'auteur de la nature à s'armer contre son propre ouvrage, & à le submerger dans les flots ? Est-ce chez les anciens Grecs ou Romains qu'on a rencontré l'innocence dont on déplore la perte ? Qu'on lise les ouvrages de l'antiquité, on y découvrira des horreurs qui font frémir. Un Martial aimé de son Souverain, serait aujourd'hui livré au suplice. Ses poësies respirent le plus affreux libertinage, & ce libertinage ne lui était point

PREFACE.

personnel, il était général, il était toléré. Que dis-je, toléré? on en faisoit gloire.

Je me garde bien de juger de tout un peuple par les écrits d'un seul homme, c'est sur le gouvernement de l'Etat que je décide de la corruption ou de la sagesse de ce peuple. Lorsque les loix ne sévissent point contre le crime; lorsque les maîtres de cet Etat le voïent & le souffrent impunément; lorsqu'enfin il n'excite point la vindicte publique, je dis alors, voilà une Nation perverse. Quelle peut donc être l'idée qu'on doit se faire d'un grand nombre de siécles passés, puisqu'en feuilletant l'antiquité on y trouve les favoris des Empereurs écrire & exposer à leurs yeux, & à ceux de tout l'Univers, des infamies contre les Auteurs desquelles la sagesse de nos Princes décernerait aujourd'hui les plus honteux suplices.

Nos peres étaient-ils meilleurs que nous, lorsqu'ils mettaient en vente publique de jeunes garçons couverts de parfums ? Les femmes étaient-elles plus retenues qu'elles ne sont actuellement, lorsque les Dames Romaines célébraient ces Fêtes exécrables, dont Juvenal fait une description capable de faire rougir la plus débordée de nos matrônes? Nos ancêtres étaient-ils plus humains & plus débonnaires que nous, lorsqu'ils égorgeaient des hommes pour les offrir en sacrifice à leurs fausses Divinités ? Etaient-ils enfin plus raisonnables que nous sommes, lorsque la force à la main, chaque petit Gentilhomme assemblant une poignée de vassaux, allait avec impunité enlever à son voisin, sa récolte, ses bestiaux, & quelquefois même sa femme & ses enfans ?

Ce dernier âge n'est pas fort éloigné de nous. Dans quel tems nos bons ayeux ont-ils donc été si vertueux qu'on les supose ? Dans le siécle d'or ? Malheureusement ce siécle n'a jamais existé que dans l'imagination

PREFACE. xvij

l'imagination des Poëtes. Que l'on examine les progrès que les hommes ont fait dans la vertu depuis la création du monde jusqu'aujourd'hui, & sans nous avilir par des reproches aussi faux que honteux, on sera obligé de convenir qu'à mesure que les siécles se multiplient, nous connoissons plus parfaitement le bien, & nous le pratiquons mieux. J'ai fait une observation fort naturelle, c'est que ce sont pour l'ordinaire les personnes hors d'état d'aprécier le mérite du present qui se rendent les apologistes du passé. Les rêveries d'une tête blanche, sont des oracles pour une jeunesse sans expérience, qui, élevée dans ce faux préjugé, n'en sort jamais sans le secours de l'étude & de la lecture.

S'il est vrai que les hommes deviennent tous les jours meilleurs, il ne l'est pas moins qu'ils augmentent en lumiéres & en connoissances. Il ne faut pas une longue dissertation pour se convaincre de cette vérité. Toutes les découvertes que nous devons aux recherches des grands hommes, depuis cent ans seulement, constatent ce que j'avance. Je n'imagine pas qu'on puisse raisonnablement regretter ces jours d'ignorance où l'on taxait de sorcelerie la moindre expérience Phisique, & où les miracles étaient fréquens, parce que la stupidité était excessive. Que serait devenu l'inventeur de la machine à électriser, dans un tems où un Sénat voulait faire perdre la vie à un pauvre misérable qu'on accusait de sortilége, parce qu'il avait su donner du mouvement à une tête de mort par le moyen d'un peu de mécanisme ? Ignore-t'on que la plus savante & la plus respectable Assemblée de l'Univers a prononcé l'anathême contre un homme qui s'avisait de soutenir qu'il y avait des antipodes ? Ne sait-on pas qu'un Géométre a langui misérablement dans les prisons du fanatisme & de la superstition, pour avoir soutenu, avec toute sorte de probabilité, que la terre tournait sur elle-même, & que le soleil était une planette fixe? Je sais que l'antiquité fourmille de beaux écrits & d'excellens ouvrages, mais un petit nombre d'hommes ont produit des chef-d'œuvres dans une longue suite de siécles. Ces esprits, alors surnaturels, avaient peine à se faire comprendre de leurs Contemporains, & ils abusaient souvent & avec facilité de leurs lumières pour en imposer; parce que l'ignorante crédulité leur laissait le champ libre. Aujourd'hui les arts sont multipliés, la science est devenue universelle, presque tout le genre humain raisonne, & s'il est encore quelque partie de la terre qui se ressente de l'ancienne barbarie, le tems la fera changer de face. Le Commerce des Nations policées en adoucira les mœurs.

Si l'on ne peut disconvenir sans extravagance, que les hommes augmentent en connaissances, on sera obligé d'avouer en même-tems, qu'ils deviennent meilleurs, puisqu'il est incontestable que l'ignorance est la premiére cause du mal.

J'ai souvent cherché à pénétrer le motif qui détermine presque tous les hommes à éxagérer la vertu du tems passé, & à diminuer celle du présent. Il me paraissait extraordinaire que l'esprit humain toujours porté à concevoir de soi-même des idées flateuses, voulût cependant rabattre de sa vanité dans une matiére si importante. Après un sérieux éxamen sur ce sujet, j'ai d'abord reconnu, comme je viens de le dire, que les discours des vieillards assujettissaient la jeunesse à ce faux préjugé. Cette raison, toute valable qu'elle m'a paru, ne m'a pas semblé suffisante, & capable de contrebalancer le penchant que nous avons à penser & à parler avantageusement de

PRÉFACE

ce qui nous est personnel. A force d'y réfléchir, j'ai enfin reconnu que l'orgueil est le véritable principe de cette fausse modestie.

Chacun est porté à se croire bon & meilleur qu'un autre ; or un homme qui avoue que le genre humain augmente en perfections, doit convenir que son Contemporain vaut pour le moins autant que lui, & que nos descendans vaudront mieux : voilà la pierre d'achopement. En se récriant sur la vertu des siécles passés, c'est faire l'éloge de son amour pour le bien ; c'est se mettre soi-même au rang de ces hommes si respectables dont on fait le panégirique ; c'est enfin prêter à autrui des vices qui servent à relever le mérite qu'on s'imagine avoir. La preuve de ce que j'avance, c'est que je n'ai jamais oüi dire à un de ces censeurs, je suis plus méchant que mon Pere. Corrigez-vous, lui aurait-on répondu; mais je les ai souvent entendu crier avec entousiasme, les hommes se pervertissent tous les jours. Que chacun de ces Messieurs se comprenne dans une partie des torts qu'ils imputent tous à autrui, ce sera un grand acheminement à la perfection générale; que si cet effort d'équité est trop grand pour eux, qu'ils jouissent en paix de la bonne opinion qu'ils ont d'eux-mêmes, & qu'ils ne nous privent pas de la douce espérance de devenir tous les jours meilleurs. Cet espoir est trop avantageux au bonheur de la société, pour le lui ravir.

De tout ce que je viens de dire il s'ensuit que la mauvaise humeur n'a point eu de part à ma critique. J'attaque le vice, mais aussi j'aplaudis la vertu. Qui peut blâmer cette conduite, si ce n'est quiconque veut déterminément être vicieux, & qui, ne rougissant pas du mal qu'il commet, trouve cependant

PREFACE. xxiij

mauvais qu'on l'en reprenne?

Je m'attens bien que toutes les personnes affectées d'un sentiment si déraisonnable, vont s'élever contre quelques traits frapans de certains tableaux répandus dans ce Volume. Qu'ils s'escriment tout à leur aise & de leur mieux, pour prouver que l'Auteur est un médisant, un calomniateur même, s'ils le veulent, je ne leur répondrai qu'en leur disant que je n'ai eu intention d'offenser personne, puisque tous mes portraits sont sous des noms empruntés, & qu'il ne paraîtra jamais de clef, pour aprendre quel était *Tigellus* ou *Florimont*. J'ajoûterai qu'à l'exception des personnages tels que *Maximius*, *Scipion*, *Mondor*, &c. que j'ai voulu faire connaître, parce que j'avais du bien à dire d'eux, les autres sont envelopés de manière qu'il est fort difficile de les nommer sans risquer de tomber dans l'erreur. D'ailleurs les tableaux les plus chargés sont de mon invention, tant pis pour ceux qui voudraient se les attribuer. Ils n'ont qu'à se corriger, ce ne sera plus d'eux qu'on parlera, puisque leur nom n'est pas indiqué.

TABLEAU

TABLEAU DU SIÉCLE.

DE LA RELIGION.

SI l'on considére la Religion comme Chrétien, on gémit; si on la voit en Philosophe, on ne se plaint point; si on l'envisage en Politique, on est satisfait. Comme Chrétien, l'extinction presque générale de la foi est un sujet de larmes; comme Philosophe, l'indifférence pour tous les motifs qui déterminent au bien, autres que l'amour du bien en lui-même, étouffe la plainte du mépris de la loi; comme Politique, les avan-

A

tages que le public & le particulier retirent de l'extérieur du culte, prévalent sur ce qui en est l'esprit & la véritable essence. C'est sous ces trois points de vue que l'on regarde aujourd'hui la Religion. Les vrais croyans sont peu communs, les Philosophes sont plus rares, les Politiques sont nombreux. Tel qui parle avec chaleur de l'éternité, travaille de toute sa force pour le tems présent.

Consultez *Philemon*, demandez-lui pourquoi, sans nulle considération pour mille devoirs que son état lui impose, il a fait un divorce solemnel avec l'esprit de paix ? il vous répondra que le zèle de la maison du Seigneur le dévore : *Zelus domûs tuæ comedit me*. Osez douter de sa sincérité, il vous anathématise : arrachez toutefois le masque dont il se couvre, l'ambition, l'esprit de domination & d'indépendance paroîtront à découvert. Il reclame les droits du Ciel, pour se soustraire à la puissance séculiére ; il prêche l'humiliation, pour s'élever sur les débris de l'orgueil ; il ne parle que de pauvreté, tantôt pour autoriser son avarice, & tantôt pour fasciner les yeux sur son faste & sa dépense.

Xiste-Quint, avant d'être Pape, avoit coutume de se faire servir sur une table couverte d'un filet, pour se rapeler, disoit-il, l'état de simplicité des premiers Princes de l'Eglise. A peine eut-il été proclamé souverain Pontife, qu'il substitua les services les plus splendides à la pauvreté du filet. Pourquoi, lui dit un de ses amis particuliers, avez-vous renoncé à votre ancien usage ? pourquoi, répondit le saint Pere ? *Qu'ai-je besoin du filet, quand j'ai pris le seul poisson que je guétais ?* Il ne risquait plus rien à être sincére.

Jamais le nombre des gens d'Eglise n'a été aussi grand qu'il l'est actuellement. Le peuple en est-il meilleur ? non. L'Etat en est-il plus pauvre ? oui. Pourquoi cette multitude d'Ecclésiastiques ? c'est parce que leur profession ouvre le chemin des grandeurs, des richesses & de l'indépendance. C'est parce que le sanctuaire est devenu le triomphe du despotisme, ou l'azile de l'oisiveté.

Il est étonnant, dira-t'on, que les Ecclésiastiques se prévalent d'une si grande autorité, dans un siécle où l'on est presque dépouillé des préjugés, dont nos peres étaient esclaves: cela est étonnant ! non, point du tout. Ce n'est plus le peuple qui est la dupe des gens d'Eglise, ce sont les grands. Ils ont eu l'entrée du Ministére, l'oreille & la confiance des Rois. Ils n'établissent plus leur régne sur les révélations, les extases & les événemens miraculeux; mais sur les dignités dont ils sont revêtus, sur les richesses immenses qu'ils possédent, sur les crédits dont ils jouissent, & sur la redoutable puissance qu'on leur a laissé envahir.

Quelle harmonie dans toutes les Hiérarchies Ecclésiastiques ! Réguliers, Séculiers, tous tendent au même but, l'esprit de domination. Les uns s'emparent de la jeunesse, & y jettent les premières semences de l'obeissance, dont ils espérent recueillir les fruits; les autres obsédent la vieillesse, &, profitant d'un moment de caducité, s'enrichissent aux dépens d'un héritier légitime. Ceux-ci, sous le prétexte spécieux des affaires de conscience, s'instruisent des intérêts des familles, dont ils aprennent les secrets; ceux-là, se consacrant en aparence à la seule méditation & à la contemplation des vérités éternelles, en imposent aux simples; tous enfin concourent au grand ouvrage de l'établissement d'un pouvoir illimité. A les voir, ne diroit-on pas qu'ils on tramé un complot pour assujettir l'Univers à leurs loix? il n'en est pourtant rien; mais l'esprit de l'homme, anime ceux qui ne devraient être inspirés que de Dieu: voilà la véritable raison qui a substitué la politique à la foi.

Les gens du monde ne sont point assez aveuglés pour n'avoir pas remarqué le parti qu'on peut tirer des choses saintes; conséquemment ils marchent sur les traces des Ministres de l'Autel. Ils craignent d'ailleurs de déplaire à un corps aussi redoutable que le Clergé; l'hypocrisie vient à leur secours; & dans un siécle où malheureusement la Religion est presqu'anéantie, tout se régle, se conduit & s'exécute, sous les auspices, & par le ministére de cette même Religion.

J'entreprens la peinture du siécle ; je dois être véridique. J'ai dit que le nombre des vrais Croyans était petit, je n'ai accusé que trop juste : mais enfin il en est, on en trouve même sous la pourpre.

Les vrais Philosophes sont encore plus rares. Il est plus extraordinaire de rencontrer des gens qui fassent le bien, par pur amour pour le bien même, qu'il n'est facile d'en trouver qui le pratiquent moitié par crainte, moitié par espérance. Si l'espéce des Philosophes dont je parle était plus commune, le bien public y gagnerait, la Religion n'y perdrait pas. Un Philosophe sait que tous les hommes ne peuvent pas lui ressembler, il se gardera bien d'ouvrir une carriére au libertinage, en voulant les délivrer d'un joug qui leur est salutaire ; il cesserait dès là d'être Philosophe, car il ferait un mal réel.

Euriclès, ce grand & vaste génie, n'a mérité le nom de Philosophe que depuis qu'il a déclaré se repentir d'avoir écrit contre la Religion. En effet, si son systême le rendait heureux ; s'il s'était mis, ou du moins, s'il avait cru se mettre en repos, que n'y laissait-il les autres ? Deux mille personnes, sur la foi de ses lumiéres, ont arboré, les uns le déïsme, les autres le matérialisme, quelques-uns sont même devenus athées : est-ce là l'ouvrage d'un Philosophe ? s'il n'écrivait que pour ceux qui lui ressemblent, je ne sais s'il y aurait du mal ; mais tout le monde le lit, presque personne ne le comprend, & cependant beaucoup de gens, persuadés qu'il a de bonnes raisons pour fronder la Religion, se croyent autorisés à n'en plus avoir. Le germe du mal était en eux, les ouvrages l'ont fait éclore. Un Philosophe, tel que je le supose & que je l'entends, ne sera pas martyre d'une Religion, mais aussi il n'en sera jamais l'antagoniste.

Il faut le dire, notre Monarque prend toutes les mesures les plus sages pour ne revêtir des dignités Ecclésiastiques, que des personnes recommandables par leur piété & leurs lumiéres : Avec le cœur le plus droit, le plus humain & le plus noble, que ne peut-il voir tout par ses propres yeux ! Malgré toute sa vigilance à cet égard, il est trois moyens de parvenir aux honneurs de l'Eglise, les Femmes, les Jésuites & la Vertu. La voye des Femmes, est la plus courte ; celle des Jésuites, la plus sûre ; celle de la Vertu, la plus rare, & c'est la seule, qui, sans intrigue ni cabale, obtient tout de notre Maître, quand ses deux rivales ne lui empêchent point l'accès du trône.

Alcipe a pris le petit colet ; il était ami des Jésuites ; il avait de l'ambition ; il déclamait souvent sur les matiéres de controverse. La grace, la prédestination, le libre arbitre, étaient ses chevaux de bataille. A cet égard, il s'est inutilement épuisé les poumons ; les tems sont changés ; les faveurs du Prince sont le partage des esprits doux & pacifiques. Il s'en est aperçu : il a été gémir avec les turbulens, par prévoyance sur un avenir incertain. En quittant les cabalistes, il est venu chez certaines femmes à qui il a exalté la sagesse du Législateur, ennemi de toute contestation. *Alcipe* est bel homme ; il a le don de l'éloquence ; il fait d'ailleurs très-bien des vers. Il a plu, le voilà au faîte des grandeurs. N'ayant plus rien à prétendre, il s'est oublié vis-à-vis ses bienfaitrices. Qu'est-il arrivé ? les brouillons, qu'il avait prétendu leurrer, avaient feint de ne lui vouloir aucun mal ; ils se sont aperçus de son peu d'expérience dans l'art du Courtisan, & au moment qu'il s'y attendait le moins, il s'est vu accablé par ceux qu'il avoit trompés, & par celles qu'il a désobligées. Il ne reste à *Alcipe* que le secours de la Philosophie.

En matiére de Religion, le petit peuple croit tout, le bourgeois doute de tout, le bel esprit raisonne sur tout, les grands ne croient rien.

Il est difficile que la Religion fasse la même impression sur tous les esprits. Ce qui captive les uns aliéne les autres. La pompe & l'appareil somptueux des cérémonies sans nombre, n'en impose qu'au peuple. Les gens éclairés voudraient un culte simple &

spirituel. Doit-on reconnaître la main de l'homme dans l'œuvre de Dieu ?

Ariste était un homme sage & quoi qu'on en puisse dire un Citoyen très-utile à la Société ; mais *Ariste*, qui dans un certain jour où toutes les rues sont tapissées & semées de fleurs, voulait y faire promener par ressorts, une statue de la mere du fils de Dieu, aurait aprêté à rire aux personnes de bon sens, scandalisé les foibles, & abusé de la stupidité des ignorans. Ce même *Ariste*, au milieu d'une foule de pauvres qui subsistaient par les ressources que son industrie leur fournissait, m'a paru un grand homme. Quel éclat ne faisait pas rejaillir sur lui la bure de trois ou quatre cens pauvres qu'il nourrissait ! Qu'au contraire il m'a semblé petit entouré d'une mascarade d'Anges & de Madeleines ! L'or & les pierreries dont ceux-ci étaient couverts, ternissaient le lustre que lui donnait la pauvreté de ceux-là.

Le faste n'est propre qu'à relever les petites choses, c'est le vernis du rien : doit-il être l'apanage de la Religion ? La décadence de la loi des Juifs a commencé dans le tems que la richesse de ses temples, le luxe de ses ornemens, & la pompe de ses cérémonies étaient à leur plus haut période. Nous les imitons dans ce siécle plus que jamais : tout se réduit à en imposer par l'extérieur.

Si les hommes voulaient retrancher de la Religion tout ce qui leur apartient, la morale en serait plus pure & la pratique plus aisée. Il faudrait que les Ministres du Seigneur fussent moins éloquens & plus chrétiens. Leur modèle remplissait les devoirs de sa mission, *verbo & opere* : mais hélas ! s'il est facile de recommander aux autres de se dépouiller d'un luxe scandaleux, il n'est pas aussi aisé de se déterminer à renvoyer ses Pages & à marcher à pied. On déclame à son aise contre les amusemens des mondains. On excommunie les Comédiens, peut-être parce qu'ils disent quelquefois la vérité trop ouvertement ; mais on se permet la fréquentation journaliére du beau sexe, on joue & on lie des parties qui vont bien avant dans la nuit. Quelquefois même arborant l'habit violet à boutonniéres d'or, on va modestement dans une loge grillée écouter les gens qu'on excommunie: Voilà l'esprit du siécle.

Vadius passat par Pezenas pour se rendre chez lui, descend dans l'Auberge du Tapis-verd; il envoïe chercher son ancienne amie *la Fillon*, la fait souper avec lui, vuide tête à tête (*a*) trois flacons de Bourgogne, un de Champagne, & finit le sinode à deux heures après minuit par le marasquin; il défendra pourtant dans son Diocèse à tout Ecclésiastique d'entrer même seul dans une Auberge pour s'y désaltérer: c'est, sans doute, parce qu'il en connaît les dangers.

Il y a long-tems qu'il a été décidé qu'un athée pouvait être honnête homme. Rien n'est plus raisonnable que cette décision. Le premier principe de l'athéïsme est de raporter tout à soi-même, ensorte qu'une action telle qu'elle soit, devient légitime lors-

---

(*a*) *L'Abbé de la Serre, aujourd'hui Doyen du Chapitre de Pezenas, ne voulut pas souper au cabaret avec Monseigneur, par respect pour les Canons.*

qu'on peut en tirer un avantage : Conséquemment, pourvu qu'on sache se mettre à l'abri de la punition, tous les crimes sont licites. Une morale de cette nature révolte les plus méchans même de tous les hommes. On aurait donc horreur de passer pour athée : mais il est glorieux, il est de mode, d'afficher le déïsme. Heureuse invention, pour se soustraire aux préceptes de l'Eglise ! Sur cent personnes que j'ai consultées de tout rang & de toute profession, j'en ai à peine trouvé dix qui ne m'ayent étalé, avec emphase, l'excellence de la Religion naturelle. J'ai observé leur conduite : & j'ai reconnu que tous ces gens étaient aussi mauvais déistes que faux chrétiens. Toute la morale de la Religion naturelle se réduit à ces deux points : *Reconnaître un Etre suprême, & ne point faire à autrui ce qu'on ne voudrait pas qui nous fût fait.* Si tous les hommes se réglaient sur ce principe, il n'y aurait qu'une seule Religion : Et l'on pourrait dire que ses Sectateurs adorent Dieu en esprit & en vérité. Pourquoi donc vouloir persuader qu'on est déiste, lorsqu'on n'a ni assez de lumiéres pour défendre le systême qu'on adopte, ni assez de probité pour y conformer ses mœurs ? Pourquoi ? c'est qu'aujourd'hui le libertinage est l'esprit du siécle. Toutes les pratiques chrétiennes sont devenues onéreuses, il est toutefois ignoble d'avouer sa turpitude, & pour se dérober à l'infamie, on se pare d'une Religion, qui à la vérité, n'assujettit ni à l'abstinence, ni au célibat : mais dont l'éxacte observance rendrait les hommes parfaits. Un bon déiste possède toutes les vertus sociales, désintéressé, doux, charitable, véridique, bon mari, pere tendre, fidèle ami, il n'a pas besoin de Casuiste pour se déterminer à telle ou telle action. Sa conscience est son Juge : Il sait que l'homme ne peut s'écarter de son devoir que par action ou par omission. Il se consulte ; ne voudrais-je pas, dit-il, qu'on me fît tel bien ? ne serais-je pas affligé qu'on me fît tel mal ? je vais donc agir en conséquence. Sur ce pied y a-t'il beaucoup de déistes ? en est-il, peut-être, un seul ?

Cléon m'assure que par réfléxion & après un sérieux éxamen des principales Religions de l'univers, il a cru ne reconnaître la vérité que dans la naturelle. Il s'est, dit-il, fait une loi de l'observer scrupuleusement. Au moins, ajoute-t'il, je n'aurai rien à me reprocher, je suivrai les lumiéres de ma raison. La foi étant un don gratuit qui n'est pas départi à tous les hommes, il ne dépend pas de moi de le posséder : mais pour cet instinct judicieux, cette voix intérieure qui parle, sans même qu'on la consulte; ce flambeau toujours lumineux, la raison enfin, puisqu'il est vrai qu'elle est l'apanage de l'humanité, je veux qu'elle soit mon guide. Si c'est là être déïste, je le suis décidément. Ainsi me parlait *Cléon*, lorsque deux heures après l'avoir quitté, il conduit à la Campagne une jeune Fille qu'il va deshonorer. Il se fait aider par deux fripons, qui, déguisés, l'un en Notaire l'autre en Prêtre, abusent des Loix civiles & ecclésiastiques, pour duper, par un faux mariage, cette innocente créature. Il suborne des témoins; il en impose enfin, par le plus lâche mensonge, à la Mere de sa nouvelle Epouse. Huit jours après avoir assouvi sa brutalité, il quitte Femme & belle-Mere. Cet homme est-il déiste ? oui, car il me l'a protesté deux heures avant de commettre cette action infâme. Jugez-en d'ailleurs par plusieurs traits de ses écrits.

Le moyen le plus prompt & le plus expédient pour abolir le prétendu déisme, serait de permettre à quiconque voudrait, de déclarer hautement qu'il en fait profession, & en même-tems de le punir avec la dernière rigueur, dès qu'il s'écarterait des préceptes naturels. Cette sévérité serait juste; car enfin puisqu'au mépris de toute autre Religion, on feroit gloire d'adopter celle-là, on n'aurait dû s'y déterminer que par amour pour le vrai, & par une surabondance de lumières: il faudrait donc proportionner le châtiment à la supériorité des connoissances qu'on aurait sacrifié à l'injustice de sa passion. *Qui cognovit voluntatem Domini suis & non fecit vapulabit multis.*

De tout ce que je viens de dire, il

en

en faut conclure qu'on a tort de se déchaîner contre les déistes. C'est un Etre imaginaire, du moins est-il si rare qu'il ne peut faire nombre. Je conviens qu'une foule de libertins de tout sexe, qui veulent faire les beaux génies & les esprits forts, se targuent de ce nom; mais encore une fois, il ne leur est pas dû, puisqu'ils transgressent la loi naturelle. Un joli homme, un homme à la mode, qui deshonore vingt maris par an, est un débauché : il aura beau plaisanter & faire cent Epigrammes sur la Foi & les Mystéres, je dirai qu'il joint l'impiété à la luxure : quant à la société, il est le fléau des uns, & la poupée des autres : quant à la Religion, il n'est rien.

A peser les choses au poids du sanctuaire, il faut convenir qu'il n'y a jamais eu moins de Religion qu'il y en a dans notre siécle, parce qu'elles n'ont jamais été si multipliées. Chaque homme s'en fait, pour ainsi dire, une à sa fantaisie, dès l'instant qu'il entre dans le grand monde, & il ne retourne à celle dans laquelle on l'a élevé, que lorsque ce même monde le quitte.

B

L'ambition & le plaisir, sont les deux idoles qu'on encense. Tous les raisonnemens qu'on fait pour adopter ou rejetter telle & telle Religion, ne sont précisément que des passe-tems, jusqu'au moment que l'impuissance de se livrer aux plaisirs & aux affaires du siécle, oblige à penser à l'éternité. Ce mot est terrible, soit préjugé, soit raison, à soixante ans les esprits les plus forts en sont frapés.

DES FEMMES.

SI la religion est le prétexte de tout les femmes en sont la véritable cause.

C'est par les femmes que tout se résoud. Ce sont elles qui font la paix & la guerre, qui disposent des charges, qui règlent les prééminences, qui dispensent les graces. Les femmes, en un mot, sont les ames de l'univers. Tous les hommes sont convaincus de la foiblesse de ce sexe, & tous les hommes en sont esclaves. Jamais leur empire n'a été plus despotique qu'il l'est aujourd'hui. Elles mettent à profit l'éducation, l'esprit, la beauté, & toutes les minauderies dont elles font métier pour assurer leur pouvoir. La grande & principale étude des femmes est la dissimulation. Nous ne pouvons presque plus leur reprocher l'indiscrétion, à force de leur faire la guerre à cet égard, nous leur avons apris à être secrettes.

Autrefois les femmes bornaient toutes leurs prétentions à captiver les hommes. Par amour des plaisirs, aujourd'hui elles sont presque aussi ambitieuses que les moines. Je préfére toutefois leur joug à celui des gens d'Eglise; elles ont plus d'humanité; d'ailleurs n'ayant pas continuellement en vue les intérêts d'un corps qui n'est déja qu'infiniment trop puissant, on n'est pas exposé à toutes les injustices que l'avarice & l'orgueil commettent sous le voile spécieux de la religion.

Jamais la galanterie n'a été plus à la mode, & jamais les femmes en général n'ont paru plus jalouses de leur honneur. Nous sommes redevables du soin qu'elles prennent de cacher leurs foiblesses au respect que nous témoignons à celles qui sont vraiment vertueuses. C'est aussi le fruit de l'éducation. Le siécle est si policé, qu'il n'est pas étonnant de les voir courir après l'ombre de la vertu.

Il est plusieurs maniéres de plaire aux femmes & de les séduire. L'or est le moyen le plus efficace, parce qu'elles portent le luxe au plus haut degré. Toutefois la vanité, le desir de tenir un certain coin dans le monde en entraîne presqu'autant que l'apas du gain. Celles qui sont susceptibles de cet orgueil mal entendu, ne gardent aucune mesure.

Hortense vivait très-bien avec son mari dont l'état était même au-dessus du médiocre. Elle avait tout à souhait ; son Epoux toujours complaisant lui laissait à peine le tems de desirer : Hortense, en un mot, était heureuse & passait pour une honnête femme. Elle était belle. Un grand Seigneur aprend par les pourvoyeurs de ses plaisirs secrets, la découverte qu'ils ont faite de cette belle personne. Ses pareils ne sont pas accoutumés à prendre beaucoup de précautions ni à soupirer. Il va un matin chez la Dame en question, elle était entre les bras de son mari. On avertit cet époux de l'arrivée de ce Seigneur, il se léve précipitamment, demande la permission de s'habiller pour recevoir sa visite avec plus de décence. On lui fait dire qu'il peut se présenter en robe-de-chambre. Il paraît : on lui remet une grosse liasse de papiers qu'on lui ordonne d'éxaminer sur le champ avec un homme de confiance qui avait le mot : on ajoûte que comme on n'entend rien à la chicane, on attendra dans un apartement que les papiers soient un peu débrouillés. Le mari fait bien des excuses d'être obligé de laisser un si grand Seigneur sans compagnie.

Pour obéir promptement il passe dans son cabinet, où il courait risque de rester long-tems si sa femme n'eût pas été de bonne composition.

A peine a-t'on eu le tems de jetter le premier coup d'œil sur les papiers, que le Seigneur vole dans la chambre de la Dame, encore au lit, lui expose ses intentions, & lui fait valoir tout l'avantage qu'elle aura à devenir sa maîtresse. Quelques minutes suffisent à celle-ci pour se décider ; elle est pénétrée de respect pour la personne qui lui parle, & de reconnaissance pour l'honneur qu'il s'en fait. Aussi-tôt le Seigneur prend congé d'elle, fait dire au mari qu'il s'en va, & qu'il n'a qu'à mettre son homme d'affaires en état de lui rendre un fidèle compte de ses opérations. Le lendemain la Dame va à la messe. En sortant de l'Eglise un Laquais lui ouvre la portiére de son Carrosse. A l'instant un inconnu, lui présentant respectueusement la main, lui dit que c'est dans un autre Equipage qu'elle doit monter. Elle ne se le fait pas répéter, elle part comme la foudre, & ses domestiques ignorant le sort de leur maîtresse vont tristement aprendre cette nouvelle au mari. *Hortense* n'a-t'elle pas tout sacrifié à une folle vanité ?

Il est des femmes auprès de qui un homme d'esprit gagne tout ; elles sont peu communes, parce que ce sont celles qui en ont beaucoup & qui se piquent de passer pour savantes.

Emilie, dans un degré d'honneur assez éminent, riche & comblée des dons de la fortune, n'ambitionne plus rien qu'un amant d'un génie supérieur : en conséquence elle s'attache d'abord à *Damis* dont la faveur a excité autant d'envie que sa disgrace a causé d'étonnement. Au bout d'un certain tems sa passion change d'objet, mais toujours destinée à aimer des savans, elle devient éperduement amoureuse du Milord de Rouen ; elle porte ses transports à un si haut degré, que dans un instant de jalousie elle prend du poison dont elle serait infailliblement morte sans les secours les plus prompts. Elle lui avait déja donné d'autres marques non moins équivoques de l'attachement le plus inviolable. Ce Milord Normand ayant eu le malheur de s'attirer une lettre de cachet, fut obligé de prendre la fuite. Il se réfugia dans un château où il aurait été pris sans la précaution qu'il eut de se fourer dans un tas de feuilles, au moment que les gens chargés de l'arrêter visitaient le lieu de sa retraite. *Emilie* était à Paris, mais dans des craintes & des allarmes qu'il faut avoir éprouvé pour se les bien peindre. Instruite qu'on avait découvert l'azyle de son bien-aimé, elle dépêche vers lui son premier Laquais, nommé Dussau, avec un sac d'or, & est assez heureuse pour sauver la liberté de celui pour qui elle aurait sacrifié sa vie. Il est certain que

que le Milord n'avait pû la tenter que par l'esprit. Elle l'a aimé jusqu'à la mort. Voilà un exemple en faveur des savans, combien en pourrait-on citer à l'avantage des Fermiers Généraux! Il y a des femmes qui ne sauraient résister aux héroïques sentimens d'une belle passion romanesque; ce sont celles qui n'ont pas grande expérience, & dont la jeunesse est échauffée par la lecture de certains livres aussi mauvais pour l'ordinaire que pernicieux aux bonnes mœurs. Toutes les fois que vous les apercevez dans une douce rêverie, après s'être ainsi entretenues de contes faits à plaisir, leur ame est dans une disposition de tendresse, dont un habile fourbe sait tirer parti: c'est l'heure du berger.

La beauté est l'objet le plus ordinaire de l'ambition des femmes, parce qu'elles savent tous les avantages qu'elles en peuvent tirer. Il faut pourtant convenir qu'une femme aimable, quoique laide, fait souvent de plus fortes passions, qu'une beauté qui devient maussade à force d'être renchérie. Jamais les précieuses n'ont eu plus mau-

C

vais jeu qu'en ce siécle. On connaît tout le danger de leur commerce. L'air d'affectation cache presque toujours une conduite peu réguliére.

C'est une nécessité pour les femmes d'aimer. Lorsqu'elles n'ont plus rien à prétendre sur le cœur des hommes, elles se tournent du côté de Dieu : De là viennent tant d'admirables conversions, que le dépit & la jalousie opérent. *Eglé*, belle, jeune & aimable, a mis tout en usage pour captiver un grand cœur, elle n'a pû y réussir, elle visite aujourd'hui les Hôpitaux.

Les femmes sont intéressées. Cependant celles qui ont eu une bonne éducation couvrent avec art leur avidité. *Lucinde*, reçoit une paire de flambeaux d'or, dont le travail l'emporte sur la matiére. Son Amant, dont le cœur est aussi noble que généreux, les lui fait porter sans se nommer : Le soir il lui va rendre visite, & feignant de ne pas savoir d'où peut venir cette galanterie : voilà aparemment, dit-il, Madame, un cadeau de Fermier Général. Point du tout, répond *Lucinde*, il y aurait joint le porte-mouchettes. Peut-on rien demander avec plus d'adresse !

Il est des femmes plus violentes dans leurs desirs. Elles sont moins dangereuses pour la bourse des gens de bon sens. Ils s'aperçoivent bien-tôt du vil intérêt qui les domine.

Florise a ruiné vingt dupes dans sa vie, & en a fait mourir cinquante. Elle est de naissance, jolie, minaudiére, assez spirituelle; mais possédant sur-tout un esprit de manége, dont elle sait faire un merveilleux usage. Le matin les poches pleines d'or, & le soir sans le sou. *Florise* enfin est une de ces femmes à rubriques, dont toute espéce de commerce est fort à craindre. Elle maîtrisoit il y a quatre ans, un jeune Anglais qui croyait avoir rencontré un tresor de fidélité. *Florise* aime le jeu. Un jour elle perd fort gros, malheureusement, contre des femmes. Il falloit donc payer en bonne & véritable monnoye. Elle fait dire à son Amant qu'il ait à lui envoyer trois cens louis d'or. Celui-ci trouve la somme un peu forte, sur-tout pour quelqu'un qu'on prend au dépourvu; il donne une bourse de cent louis à l'Emissaire de la Dame, qui l'accepta. Quelques heures après l'Anglais vient pour faire ses excuses de ne s'être pas éxécuté en totalité, & assurer qu'il ne dormira pas sans s'être acquité de ce devoir. Il entre avec confiance chez sa Maîtresse, de laquelle il espére quelqu'accroissement de faveurs, du moins dans la manière de les dispenser. Celle-ci l'apperçoit à peine, que lui sautant au colet : Je vous trouve bien hardi : lui dit-elle, de vous presenter devant moi après l'affront que vous m'avez fait. L'Amant veut s'excuser, on refuse de l'entendre, & le saisissant par le bras, on le met à la porte, avec défense de se montrer sans avoir toute la somme en main. Le bon Anglais ne trouve rien de plus à propos que d'emprunter sur le champ l'argent qu'on lui demandait : Il l'aporte une heure après cette belle scène. *Florise* en le recevant, lui donne un de ces voluptueux baisers, dont on voit toujours le tourtereau accompagner sa tendre acolade ; puis tout à coup tombant sur un sopha ; se peut-il, dit-elle en pleurant, que vous ayez assez peu de tendresse, pour m'avoir fait demander deux fois une semblable bagatelle ? Ah, Milord !

est-ce ainsi qu'on aime ? Croyez-vous que si mon honneur n'eût pas été engagé dans cette affaire, j'aurais eu assez peu de délicatesse pour vous *emprunter* cette somme ? Tout doit être commun, entre Amans, je le sais ; cependant j'ai une façon de penser........
En disant ces mots elle soupire, & dans la minute l'Anglais est obligé d'avouer qu'il est le plus ingrat de tous les hommes.

Les femmes en général sont beaucoup plus sensibles aux insultes que les hommes ; elles en conservent plus de ressentiment, par la raison, peut-être, qu'elles ne peuvent pas se faire justice. Il est très-dangereux de mortifier leur amour-propre, sur-tout si elles peuvent user de représailles. Leur sexe leur laissant la liberté de tout dire impunément, elles ne ménagent rien, & la honte est toujours pour celui qui a provoqué leur satyre.

Elise n'est pas jolie, mais elle est pleine d'esprit & de talens, d'une conversation libre & enjouée, d'un cœur excellent ; en un mot, *Elise* a fait des passions, & ne m'a point surpris. Un Général en devint amoureux, & un Officier à qui il donnoit part à sa confiance, se chargea de disposer cette aimable Fille à l'écouter favorablement. *Elise* est sensible aux bons procédés, d'ailleurs l'Amant dont on lui parloit étoit bel homme, riche & au faîte des honneurs. On fut bien-tôt d'accord. Au bout d'un certain tems l'Officier qui avoit servi d'entremetteur dans cette affaire, prit de l'humeur contre cette personne, & lui apercevant une paire de manchettes d'une dentelle superbe. Hélas! dit-il à un de ses Camarades, cette Fille est-elle faite pour porter cela? *Oui, Monsieur*, reprit vivement *Elise*; *mais sans vous je ne connoîtrais pas mon prix.*

Quoique la frivolité soit l'apanage du sexe, il est certain qu'il se pique aujourd'hui de beaucoup de connoissances. Telle femme qui raisonne trois heures de suite sur les nuances d'une fontange, portera un jugement très-sain sur une affaire d'importance. On peut dire enfin, avec vérité, que si les femmes conduisent

& réglent tout, elles travaillent à se rendre dignes d'être consultées. C'est, à les bien définir, un mélange de légereté & de prudence ; d'amour des plaisirs & de respect pour la vertu ; de bonté & de vengeance ; d'ambition & de générosité : En un mot, les femmes de notre siécle sont de véritables caméléons.

DE LA JUSTICE.

LA Magistrature étoit chez les Romains l'état le plus honorable. *Cedant arma togæ.* Parmi nous l'épée a la prééminence sur la robe. Demandez-m'en la raison, j'avouërai de bonne foi que je l'ignore. A bien peser les choses, il est certain que la profession des Magistrats est plus dure que celle des Militaires. Ceux-ci exposent, à la vérité, leur vie en tems de guerre ; mais à la paix les plaisirs font toute leur occupation. Ceux-là, au contraire, travaillent jusqu'au moment qu'ils quittent leur charge. L'étude des Loix, le dédale de difficultés qu'enfante la chicane, l'ennui inséparable des fréquentes & longues audiences ; l'aplication continuelle à maintenir le bon ordre ; toutes ces peines sembleraient devoir décider en faveur des arbitres de la vie & de la fortune des Citoyens. Le préjugé en a ordonné autrement : Le clinquant nous séduit. Je ne veux point diminuer le mérite des gens de guerre ; je leur rends toute la justice qui leur est due, & je démontrerai tout à l'heure que je sais les aprécier leur juste valeur ; mais je ne puis m'empêcher de dire, qu'un bon Magistrat est le sujet le plus utile, parce que c'est l'homme de tous les jours : parce que tous ses instans sont consacrés à la sûreté & à la tranquilité du public ; parce qu'enfin son état est de faire du bien, & qu'il n'a rien que de compatible avec l'humanité.

Notre siécle est trop éclairé pour pouvoir reprocher l'ignorance à nos Magistrats ; leur défaut principal est trop d'amour pour l'argent. On entend à chaque instant répéter qu'ils vendent la justice, & cela n'est que malheureusement trop vrai. Il serait tout-à-fait déraisonnable de prétendre que le Prêtre ne vécût pas de l'Autel ; mais il est tout-à-fait odieux qu'on fasse naître malicieusement une multitude d'incidens, qui reculent la décision d'un procès pendant les années entiéres. Je sais bien que ce reproche ne peut directement regarder les premiers Officiers de la Magistrature; cependant il leur ferait facile de remédier au mal. Qui le connaît mieux qu'eux? Leurs épices feraient moins abondantes. Ils en feraient plus justes. C'est peut-être cette avarice qui dégrade leur état.

Un Magistrat doit être un homme fans passion. Il ferait avantageux que l'on ne donnât le droit de décider qu'à un certain nombre de Juges au-dessus de soixante ans. Combien de jolies folliciteuses cesseraient de faire les yeux doux à de jeunes Conseillers, qui prostituent Thémis en sacrifiant l'équité à la luxure?

L'administration de la Justice est le premier devoir du Souverain. Peut-il la rendre à quarante millions d'hommes? Il se repose sur quelques-uns de ses Sujets qu'il fait dépositaires de son autorité suprême. Quel nom donner à ceux qui le trompent, en abusant de la confiance qu'il a eu dans leur bonne foi? Quelle indignité de se servir du pouvoir d'un excellent Prince, pour faire un mal qu'il déteste!

On dirait, à voir la plûpart de nos

jeunes Magistrats, qu'ils ont honte de leur profession. L'un affecte un air d'étourderie & de legereté, qui le ferait aisément prendre pour un Page. L'autre affiche la coquetterie, & toujours musqué comme une fouine, donne des vapeurs à nos petites Maîtresses. Celui-ci debite la liste de toutes les Filles d'honneur d'une Ville. Celui-là serait fâché de n'en pas conduire une au spectacle ou à la promenade; presque tous enfin semblent se faire une loi de renoncer à cette bienséance, qui, sans rien tenir du pédant, doit distinguer un Mousquetaire d'avec un Juge.

En général, nos vieux Sénateurs sont durs, d'un abord difficile; ils rebutent les pauvres & les malheureux par un air de hauteur & d'importance, qui, souvent même, est éloigné du caractére de bonté qu'ils possèdent. Ils ont beaucoup d'ambition. Quand l'esprit de parti s'empare de leur Tribunal, le bien public y perd. Ils ont aussi beaucoup trop d'amour pour l'argent. Il en est à qui aucune de ces imperfections n'est personnelle.

Maximius a fixé l'attention de l'Europe, & captivé le cœur des Français par l'assemblage de toutes les vertus qui caractérisent un fidèle Sujet, un excellent Citoyen, un Magistrat éclairé, un Juge intégre. Son nom enfin servira d'éloge à quiconque méritera l'amour des Peuples & la confiance du Monarque. Aussi grand dans l'adversité que sur le premier trône de la Justice, il a su concilier la gloire du Prince avec les intérêts de la Nation, & toujours jaloux d'une autorité, dont il savait n'être que dépositaire, il a été assez heureux pour convaincre son Roi, que ce qu'on regardoit en lui comme ambition & opiniâtreté, n'était que zèle pour les droits de son trône, & qu'amour pour sa personne sacrée. Puisse son génie tutelaire inspirer ses Successeurs !

DU MILITAIRE.

IL y aurait bien des choses à dire sur cette profession, la plus glorieuse de toutes à notre jugement, je m'en dispense, parce que j'écris ce qui est, & non pas ce qui doit être. Le soin de tuer impunément des gens qui ne nous ont fait aucun mal, de ravager la terre, de brûler les Villes, de piller ce qui ne nous apartient pas, d'arracher un mari à sa femme, un fils à sa mere; ce soin, dis-je, est le plus noble de tous les emplois. C'est l'ouvrage & l'occupation des Héros: Je le veux bien.

La guerre est un mal nécessaire; c'est un fléau inévitable, parce qu'il est impossible que les hommes ne soient méchans, injustes & envieux: il faudrait donc la faire pour se défendre de ces méchancetés; & il faudrait en la faisant ne jamais perdre de vue la sagesse des Ordonnances, qui ont été rendues pour prévenir tous les maux qu'il est possible d'éviter.

L'intérêt de l'Etat met les armes à la main du Prince. L'obéissance les fait prendre au Sujet. Si l'on regarde la profession des armes comme la plus noble, c'est parce que la gloire de servir son Roi & son pays, doit tenir lieu de récompense à tous ceux qui l'embrassent. Les Romains n'envisageaient que le bonheur d'être utiles à la Patrie, quand ils se voyaient à la tête des armées. Si les Héros modernes marchaient sur de pareilles traces, ils auraient moins de millions en caisse; mais aussi leurs noms ne seraient pas maudits dans les Provinces qu'ils ont ruinées. Jamais les Soldats n'ont été plus disciplinés qu'ils le sont aujourd'hui, jamais la plûpart des Chefs n'ont moins observé de discipline. L'esprit qui les anime est le seul desir de vaincre. Une victoire couvre cent concussions.

Quels progrès n'aurait pas fait l'injustice dans la dispensation des emplois, sans le judicieux Réglement du Prince, qui vient d'ordonner tout récemment qu'on aprît à obéir avant que de se mêler du commandement.

L'art militaire eſt ſans conteſtation le plus difficile de tous. C'eſt celui qu'il eſt le plus dangereux de ne pas ſavoir quand on en fait ſon métier. L'ignorance & le peu de capacité coûtent la vie à des milliers d'hommes tout à la fois, ruinent des pays, & mettent un Royaume à deux doigts de ſa perte, quelquefois même entraînent ſon entiére deſtruction. Eſt-ce à une jeuneſſe ſans expérience qu'il faut confier le deſtin des hommes ? Je ſais bien que le commandement principal n'eſt pas donné à un jeune Officier tel que je le dépeins. Il ne ſera pas Général : mais en ſortant du Collége, il ſera à la tête d'un Régiment, dont la manœuvre décide le ſort d'une bataille. S'il faut de grandes lumiéres pour commander en chef, il faut une grande ſagacité pour ſaiſir avec juſteſſe les intentions d'un Commandant, & s'y conformer. L'Officier eſt l'ame du Soldat : Celui-ci n'eſt qu'une machine organiſée, dont il faut faire agir les reſſorts avec une adreſſe d'autant plus rare, qu'on s'aplique peu à ſe rendre familier avec elle.

Un Officier croit avoir rempli tous ses devoirs, lorsqu'il va tête levée à l'ennemi, qu'il sait en cas de besoin souffrir le froid & le chaud, la faim & la soif, les veilles & les marches. Si c'est là tout son mérite, il n'est pas plus recommandable que le dernier des Grenadiers. Son principal devoir est le maintien du bon ordre & de la justice. Il doit veiller à la conservation du Soldat, persuadé qu'il manque au Roi & à son Pays, quand par sa négligence, il en périt un seul. Est-il en tems de paix ? qu'il aprenne la Géographie, les Mathématiques ; qu'il étudie les Ordonnances, il méritera tous les honneurs qu'on a décernés par préférence à sa profession.

Lisimon, Colonel du Régiment de C.....é à vingt-deux ans, avait une si éxacte connoissance de la carte, qu'on disait de lui qu'il semblait avoir battu tous les buissons de la terre. Actif autant que brave, il visitait les Casernes, les Hopitaux ; il était enfin tout à la fois le pere & l'ami de ses Soldats.

Il serait assez difficile de bien décider, dans le tems où j'écris, quelles sont les intentions des Souverains qui sont en guerre; mais peut-être pourrait-on certifier avec raison, que la cupidité conduit la plûpart de ceux à qui ils ont confié leurs foudres.

Les prétentions du R. de P..., ont jusqu'à présent été assez peu connues ; celles des Officiers qui ont combattu pour ou contre lui, n'ont pas été à beaucoup près si équivoques. On peut dire que si ce Prince est impénétrable, il nous a procuré la facilité de connaître le cœur de bien des hommes. Les uns y ont gagné, d'autres y ont perdu.

Sipion s'est acquis une réputation immortelle, par la prudence, la valeur & le désintéressement, qui dirigeaient ses opérations. Il nous a tous convaincu qu'il travaillait uniquement pour la gloire du meilleur des Princes, & pour le bonheur de ses Sujets. A la tête d'une nombreuse armée, qu'il faisoit subsister par les ressources de son industrie, il a su ménager le moment de la victoire, en consommant

D

son ennemi sans exposer ses Soldats. Inspiré en un mot par le génie de Mars, de Minerve & de Thémis, il s'est rendu le modèle des bons & grands Capitaines. Il pouvait, à la vérité, rentrer dans sa Patrie avec des monceaux d'or ; il s'est contenté d'y raporter des moissons de lauriers.

On ne peut pas dire que l'esprit du militaire soit absolument autre dans notre siécle, qu'il était il y a six cens ans. Il a pourtant souffert quelques changemens ; les uns à son avantage, les autres à son détriment. La brutalité est tout-à-fait bannie des corps : bien loin d'éxiger ces combats odieux, par lesquels on essayait les nouveaux venus, on a proscrit tous les querelleurs, & l'humanité ne gémit plus de voir couler le sang par partie de plaisir. Les affaires où l'honneur est intéressé, se conduisent avec valeur, & en même-tems avec sagesse ; l'Officier enfin est devenu assez raisonnable à cet égard. On connaît aujourd'hui le prix de la vie, & on craint les Arrêts du Roi.

Il est encore vrai qu'on ne voit plus

guéres mettre en usage ces voïes de force, dont on avait autrefois la cruauté de se servir, pour enrôler des misérables, qui, au bout d'un mois, desertaient : on ne veut plus aparemment avoir leur mort à se reprocher. Le Soldat n'est plus soutenu dans son libertinage & dans ses injustices ; on l'abandonne à la rigueur des loix, quand il commet quelque indignité. L'irreligion est aujourd'hui honteuse ; on a reconnu que celui qui sert le mieux son Roi, est celui qui sert le mieux son Dieu. Voilà sans doute une réforme considérable : Voilà le changement en bien.

Celui qui s'est fait en mal, est d'une très-grande importance. L'intérêt & l'avarice se sont introduits dans cette profession. Chacun selon son grade ne travaille que pour soi. Le Capitaine n'enrôle plus par force, mais il vend, avec la derniére sévérité, des congés qui ne doivent être donnés qu'après l'expiration de l'engagement. Cette conduite est directement oposée au bien de l'Etat, elle diminue le nombre des Soldats ;

ou les remplace par des gens sans expérience, & souvent suspects. Le Colonel, contre les Ordonnances même du Roi, qui défend de vendre aucun emploi dans l'infanterie, en fait cependant un trafic. C'est, dit-on, pour assurer la retraite des vieux militaires : le Prince sait y pourvoir D'ailleurs quelqu'un ignore-t'il que l'argent qui se trouve à la masse du Régiment, est souvent employé à faire un sort à des Officiers qu'on veut remplacer par de nouvelles créatures ? L'Etat y perd encore : tel qui se retire aujourd'hui parce qu'on lui fait, ce qu'on apelle un pont d'or, aurait servi dix ans de plus, & aurait rendu des services que le peu d'expérience de celui qui le remplace ne rendra pas. Ces arrangemens entretiennent aussi un esprit d'avidité, qu'on ne devrait pas connaître dans un métier qui veut avoir la prééminence sur tous les autres. Par où peut-il la mériter, si ce n'est par la noblesse de ses maniéres & l'élévation de ses sentimens? Les Héros de l'antiquité n'ambitionnaient que les honneurs du triomphe;

couronnés de lauriers, ils defcendaient de leurs chars pour aller labourer leurs petits Domaines.

L'ufage de vendre les emplois eft encore capable d'anéantir l'émulation. Qui peut exciter la généreufe audace d'un Officier, lorfqu'il fait que fes travaux feront fans récompenfe, parce qu'il n'aura pas quelques milliers de piftoles à donner ? Il faut qu'il foit réduit à defirer que quelqu'un de fes Camarades foit tué à l'armée, fans quoi tous les changemens qui fe feront dans fon corps feront très-inutiles pour fon avancement. Lieutenant éternel, vingt Cadets feront à la tête du Régiment, décorés & penfionnés, tandis que lui qui aura vieilli fous le harnois, fera contraint à demander, comme une grace, fa retraite aux invalides.

Un autre abus qui s'eft gliffé dans le militaire, c'eft l'amour des niaiferies & du clinquant. En vertu de la fubordination, un Colonel ruine tous les Capitaines de fon Régiment, pour acheter aux foldats des ponpons & des aigrettes, qu'on a grand foin de ne pas faire voir à la revue d'un Infpecteur. J'ai connu des Capitaines ; à qui, pour de semblables bagatelles, l'Etat Major faisoit des retenues de huit à neuf cens livres dans une année. Il faudra bien que l'Officier se sauve par quelqu'endroit pour vivre, puisqu'on dispose ainsi de ses apointemens. Qu'arrive-t'il encore de là ? C'est qu'un nombre infini de gens de condition, sans une espéce de fortune, n'osent pas entrer au service. Effectivement, avec quoi s'y soutiendraient-ils ?

Tiresias a été assez heureux pour obtenir un Régiment, à la tête duquel il s'est distingué. *Tiresias* est un simple Gentilhomme, grand & bien fait ; il ne manque pas d'esprit, & posséde une figure fort agréable. La faveur des femmes l'a mis à même de se faire connaître, & il faut avouer qu'il s'est montré, par sa bravoure, digne du sort qu'on a sû lui faire. Son Régiment devroit s'aplaudir d'avoir été sous ses ordres, s'il n'avait fait beaucoup de tort aux Officiers, en les contraignant à des dépenses considérables, par l'achat de mille colifichets, dont ils ornaient, uniformément avec le Soldat, leurs chapeaux & leurs épées. N'est-ce pas une chose risible, de voir la tête d'un militaire décorée à peu près comme celle d'un mulet, aux sonnettes près ? Est-il fort nécessaire de donner une jolie dragone à chaque Fantassin ? Pourquoi rançonner tout un corps pour payer des Musiciens qui composent la Cour du Colonel ? Toutes ces choses, qui, au premier coup d'œil paroissent des riens, sont pourtant d'une très-grande conséquence : Leur exemple est très-pernicieux. Qu'un pauvre Gentilhomme ose porter ses plaintes, il devient la victime du crédit & de l'autorité. On ne peut disconvenir que ce même Régiment n'en ait fourni une preuve.

Le Roi a voulu que les uniformes fussent unis, pour faciliter à ses Sujets les moyens de s'entretenir au service, pour mettre tous les braves gens à même d'embrasser la profession des armes ; & de s'y maintenir avec les apointemens qu'il a fixés. Encore une fois, c'est toujours sur l'intention du Maître que toutes les personnes constitués en dignité, doivent se régler. Ses ordres, dictés par sa prudence & par le conseil de ses Ministres, sont trop sacrés pour oser se permettre quelqu'altération dans la maniére de les éxécuter.

DE LA FINANCE.

PLus les hommes chériront le luxe, la molleſſe & toutes les douceurs de la vie, plus la profeſſion des Financiers augmentera en crédit & en dignité. Elle était autrefois mépriſée, non pas à raiſon de ſa propre nature, qui n'a rien en elle-même de plus criminel que celle de toutes les autres, mais à raiſon de la maniére dont elle était exercée. Les rubriques des Bureaux de Finance avaient quelque choſe de ſi uſuraire; la bonne foi y était ſi peu admiſe, qu'on regardait tous ceux qui s'adonnaient à cette partie, comme des ames mercenaires, qui s'engraiſſaient du malheur public. Chez les Juifs, les Publicains étaient en horreur. Tant que nos mœurs ſe ſont reſſentis de leur ancienne rudeſſe; tant que l'auſtérité de la vertu n'a pas été adoucie par les accommodemens qu'on trouve même avec le Ciel, nous n'avons pas été bien perſuadés que les Financiers fuſſent les Citoyens qui méritassent la premiére place dans notre estime. Leur dureté, leur hauteur, leur avarice nous révoltaient. Aujourd'hui que le desir de l'aisance & du bien-être l'emporte sur toute autre considération, nous nous sommes aprivoisés avec ces défauts. Peut-être est-ce par un principe d'équité. L'intérêt étant notre Dieu, nous ne devons point blâmer dans les autres, ce que nous aprouvons dans nous-mêmes. Il est d'ailleurs un art à savoir revêtir le vice des dehors de la vertu. C'est l'étude de tous les hommes. Si les partisans y sont plus expérimentés que les autres ; il faut les juger sur l'extérieur, & convenir qu'ils ne sont plus tels qu'ils étaient autrefois. Quoiqu'il en soit, on les voit d'un œil bien différent qu'on ne les envisageait. Le peuple les craint, les grands les flatent, les courtisanes les adorent.

Quel bouleversement épouvantable l'amour des richesses n'a-t'il pas occasionné de nos jours ! Mais pourquoi cela ? c'est parce que nous avons apris à multiplier nos besoins. Nos respects ne sont plus le tribut de la vertu, nous les vendons à qui les paye plus largement : Aveuglement déplorable ! Nous jugeons de la supériorité du mérite des autres, par la facilité qu'ils ont à satisfaire leurs passions. Nous ne connoissons plus d'autre bien que la volupté. Quiconque nage dans les délices qu'elle procure, est plus heureux que nous. Comment mépriser ce qu'on envie ?

Notre façon de penser à cet égard est si décidée, qu'on a consacré le titre d'honnêtes gens à tous ceux qui sont dans l'opulence. Nos peres bornaient leur ambition à mériter des marques de distinction que le Prince accordait aux belles actions. Ceux qui rendaient des services signalés à la patrie, étaient regardés comme les premiers les hommes, leur grandeur était fondée sur leur vertu. Celle de mes Contemporains l'est sur leur coffre fort.

Lisidore était un homme de néant, il devait sa fortune à l'entrepise de quelque fourniture de grains, qui lui avaient procuré certains fonds, & un assez grand crédit. Il a su en profiter pour acquérir des richesses immenses. Dès qu'on a été informé qu'il était possesseur de quelques millions, on a oublié sur le champ quel avait été son pere. *Lisidore* se prévalant de cet oubli, a marié sa Fille a un des plus grands Seigneurs du Royaume. Son Fils s'est vu à la tête d'une cohorte, où il n'a pas eu, à la vérité l'esprit de se maintenir ; mais devenu l'arbitre des tresors d'une Province considérable, il a joui de toutes les distinctions qu'on doit au vrai mérie.

La raison pour laquelle je refuserais un certain dégré d'estime, à ces Financiers, dont la fortune a été si rapide, c'est qu'il est bien difficile, pour ne pas dire impossible, qu'ils ayent accumulé de tels monceaux d'or, sans avoir blessé les devoirs de l'éxacte probité. Un Ambassadeur étranger étant allé voir une maison qui apartenait au même *Lisidore* dont nous venons de parler, doutait que le Palais d'un Monarque renfermât plus de richesses & de curiosités. Après avoir visité la vaste étendue de ce superbe édifice, on le conduisit dans les jardins, dont il admira le goût & la beauté. En s'en retournant, un Seigneur qui l'accompagnait lui demanda ce qu'il pensait de ce pompeux bâtiment. Ce que j'en pense, lui répondit confidemment l'Ambassadeur, *il manque une potence au milieu de la grande cour*. Je ne prétens point dire que son Excellence eût raison. Je raporte ce propos pour prouver qu'on est naturellement porté à soupçonner tous les gens que la Finance rend si excessivement & si promptement riches. Il y auroit pourtant beaucoup d'injustice à croire que tous les parvenus soient indignes de leur fortune. Quelques-uns d'entr'eux n'en sont redevables qu'à une honnête industrie. Des circonstances favorables les ont fait connaître, & l'accroissement de leurs tresors, vient du bon usage qu'ils ont fait de leurs premiers deniers pour le bien général de l'Etat.

Mont-d'or mérite l'estime & la bienveillance de tous les Français. Au milieu des richesses immenses qu'il possède, son cœur & son esprit ne se sont jamais ressentis de la dureté ni de l'orgueil, qu'on ne reproche que trop justement à la plus grande partie de nos Financiers. Toute l'Europe est témoin que son aplication au travail, l'étendue de son génie & la solidité de son jugement, sont les artisans de son élévation. Il est certain que la fortune l'a favorisé. C'est peut-être la premiére fois qu'elle n'a pas été aveugle. Admis au conseil du Souverain, ses avis sont toujours dictés par la droiture qui l'inspire; & ce qu'il y a de fort extraordinaire, c'est que l'envie n'a jamais pû le rendre suspect, quoiqu'il passe à la Cour même pour le fléau des flateurs.

A réfléchir sérieusement sur les progrès que la cupidité a faite dans tout l'Univers, je ne m'étonne pas de voir les Financiers jouer le plus beau rôle dans le monde. L'argent est aujourd'hui la véritable pierre de touche. Avec les ducats on obtient les marques les plus caractéristiques de la vertu & de la sainteté.

Aristipe, sans quelque million répandu à propos, eût-il jamais été vêtu de pourpre ? Thémis, n'a-t'elle pas refusé d'enregiſtrer les Bulles qui diviniſaient le Fondateur d'un Ordre, dont les Enfans ſont devenus d'honnêtes Géoliers, contre la défenſe expreſſe des Canons, qui ne veulent point que les Prêtres d'un Dieu tout bon & tout miſéricordieux, prêtent leur miniſtére aux rigueurs de la juſtice des hommes ? Thémis alléguait, pour autoriſer ſon opoſition, que ce bon Fondateur retirait le loyer du Théâtre de l'Opéra Comique, & de tous les jeux indécens de la Foire. Cette raiſon, toute foible qu'elle eſt, avait pourtant quelque fondement, dans un pays où les ſpectacles les plus honnêtes ſont proſcrits par les Réglemens Eccléſiaſtiques : Grace à Plutus l'Apothéoſe eut pourtant lieu.

Quid non mortalia pectora cogis
Auri ſacra fames !

DU COMMERCE.

SI tous les hommes avaient su se contenter de l'honnête nécessaire que la nature leur a sagement dispensé dans chaque pays, ils en seraient plus heureux. Ils ne seraient point obligés de courir après des choses qui leur sont aussi inutiles qu'étrangéres. Les mers n'auraient point englouti un million de malheureux, victimes de notre avarice & de notre gourmandise. Des nations entiéres n'auraient pas été massacrées ou enchaînées par la cruauté des Espagnols & des Portugais ; nous ne serions point enfin rançonnés par ceux qui se sont fait ajuger le droit de nous pourvoir de toutes les denrées que la Chine & les Indes fournissent. Nous serions privés, j'en conviens, de mille douceurs qui nous rendent la vie plus voluptueuse. Ne connoissant point cette espéce de plaisir, nous ne le désirerions point. Conséquemment ceux qui sont aujourd'hui en état de se le procurer, n'en seraient pas plus à plaindre ; & ceux qui les souhaitent sans pouvoir se satisfaire, en seraient moins malheureux. La nature nous en avait interdit l'usage par des barriéres, qui, toutes effrayantes qu'elles sont, n'ont pu mettre des bornes à notre cupidité. Le mal est fait, il s'agit de le convertir en bien, s'il est possible.

La disposition des Etats est telle aujourd'hui, que le commerce en est l'ame. Il entretient l'abondance, & il en bannit l'oisiveté. Il y a de deux sortes de commerces, l'étranger & le national. Le premier est celui dont chaque pays n'avait pas besoin ; le second a toujours été & a dû être indispensable. L'un & l'autre sont à présent nécessaires. Autant il nous aurait été facile de nous passer des secours que nous tirons des trois parties de la terre, que nous serions heureux de ne pas connaître, autant nous ferait-il actuellement impossible de nous en priver. Le commerce étranger est le plus lucratif, parce qu'il est le plus périlleux. C'est celui qui nous donne tout le superflu dont nous avons trouvé le secret de nous faire une nécessité. Il nous aporte l'or du Pérou, les porcelaines du Japon, les épices des Indes, le sucre de l'Amérique, & les pelleteries du Canada. Toutes les réfléxions de belles morale qu'on debite à present sur l'inutilité de ce genre de négoce, & sur tous les maux dont il est la source, auraient dû se faire avant de lancer à l'eau le premier navire. Un Philosophe, à la vérité, peut quelquefois en faire une censure raisonnable, pour mettre un frein à la trop grande avidité du gain. Toutefois il prendra du caffé & portera sans scrupule une fourrure d'hermine.

Non-seulement il serait très-dangereux de travailler au détriment du commerce d'outre-mer, mais ce serait un très-grand mal de ne point aporter toutes les diligences imaginables pour en procurer l'agrandissement. Il s'ensuivrait une désertion considérable de citoyens, l'évasion de tous les étrangers, & une énorme diminution d'espéces. Nos voisins s'enrichiraient de nos dépouilles & ne nous donneraient plus rien en échange de tous les secrets que nous leur avons portés.

Le commerce national, plus ou moins étendu, a été de tous tems d'une obligation abfolue. C'eft le lien de la fociété. L'homme ne pouvant fe fuffire à lui-même, il a befoin de fe prêter un fecours réciproque.

..... Alterius fic,
Altera pofcit opem res & conjurat amice.

Que deviendrait l'harmonie qui régne dans l'univers, fi nous pouvions être indépendans les uns des autres ? Plus le commerce national s'agrandira, plus il y aura d'union parmi les citoyens. La puiffance d'un Royaume dépend de fon commerce, parce qu'il tire fes forces du nombre de fes habitans. Or il eft certain que l'établiffement des Manufactures & la multiplicité des Arts mécaniques font deux fources de population, rien n'étant fi contraire à la propagation de l'efpéce humaine que la miſére. Ce n'eft pas d'aujourd'hui qu'on a remarqué que les femmes font beaucoup moins fertiles dans les Provinces qui font pauvres que dans celles où l'on rencontre une honnête abondance.

En prouvant l'avantage de l'agrandiſſement du commerce national, c'eſt prouver ce ſemble la néceſſité du négoce étranger, par la difficulté qui ſe rencontrerait dans la conſommation, ſi un pays fourniſſait plus de marchandiſes qu'il lui en faudrait. J'ai cependant avancé qu'on aurait pu ſe paſſer de ce dernier, & qu'on en aurait été plus heureux. Cette vérité eſt trop conſtante pour me retracter. Si nous n'avions point trouvé à contenter notre amour pour le luxe dans l'achat des marchandiſes qu'on nous aporte du bout du monde, nous aurions travaillé dans notre propre pays à inventer tout ce qui aurait pû nous ſatisfaire à cet égard. Au lieu de porter des indiennes & des perſes, nous aurions uſé nos étoffes. Elles auraient été à un prix plus médiocre; on en auroit changé plus ſouvent. La porcelaine du Japon nous ſerait inconnue, celle de Saint Cloud ſerait d'un plus grand débit. L'induſtrie naturelle à tous les hommes nous aurait inſpiré toutes ces découvertes dont nous ſommes redevables à l'autre hémiſphére, & ne nous reposant pas sur les ouvrages d'autrui, le desir de contenter toutes nos fantaisies aurait toujours occupé les Artistes à quelque chose de nouveau.

Pour croire qu'un Pays produirait plus qu'il ne peut consommer, il faudrait suposer qu'il est une partie de la terre qui ne peut nourrir & entretenir ses habitans. Car si chaque nation trouve le nécessaire & le commode dans son territoire, que deviendra la superfluité qui se rencontrera dans la contrée dont nous suposons le raport plus considérable que la consommation ? Il est incontestable que rien ne se perd.

Quelqu'un dira, peut-être, qu'il est certain qu'on trouve des Pays qui ne pourraient se passer de leurs voisins. Je réponds à cela, que si on veut choisir l'espace d'une trentaine de lieues pour fournir cette preuve, on aura raison ; & j'ajoute que quand je dis qu'un Pays se suffit à lui-même, il faut entendre au moins ce qui compose une nation. L'Espagne, m'objectera-t-on, ne subsiste que par les secours étrangers. L'Espagne est une preuve des maux que le commerce d'outre-mer a produit. Ce peuple habite une des plus riches contrées du monde ; mais plein de confiance dans son commerce du Mexique, il croupit dans une oisiveté & dans une paresse honteuse à l'humanité. Tout fier des mines d'or qu'il a usurpées avec autant d'injustice que de barbarie, il fait le malheur de plusieurs milliers d'hommes qu'il contraint à fouiller les entrailles de la terre, tandis qu'il néglige d'en cultiver la surface. La nécessité & la suffisance du commerce national seront encore plus fortement constatées, quand je dirai que j'attends par commerce national, celui qu'un chacun peut faire dans l'une des quatre parties du globe où il est né.

De tout ce que je viens de dire, il en résulte, qu'avant d'avoir été chercher les richesses du nouveau monde, les nôtres étaient capables de faire notre bonheur. Notre ambition n'a pu se contenir, nous avons goûté le fruit défendu, il est la source d'un grand nombre de maux, mais enfin nous ne pouvons plus nous en priver. Il semble que nous nous trouvions encore trop resserrés dans la vaste étendue de pays que nous parcourons. On fait tous les jours différentes tentatives pour pénétrer dans de nouvelles régions.

Que nous en raporterait-on ? Hélas ! de nouveaux besoins.

Laissons toutefois à quiconque voudra, le plaisir de parcourir les mers glaciales ; & disons que, puisqu'aujourd'hui les choses sont disposées de façon que la grandeur, la puissance, le lustre & le bonheur des Etats dépendent des deux genres de commerce dont nous avons parlé, il est de la sagesse du Gouvernement d'encourager par des récompenses, & même des marques d'honneur, les Négocians qui se distinguent par leur industrie. Rien n'est plus inconséquent que le préjugé qui nous fait regarder le commerce comme un état, pour ainsi dire, avilissant. Rien de plus injuste que la loi qui dégrade de noblesse quiconque en fait profession. D'où peut procéder une pareille conduite ? Est-il donc plus deshonorant de vendre des étoffes, ou quelque genre de denrée que ce soit, qu'il ne l'est de débiter les bois qu'on fait abatre, & dont on fait le marché souvent avec plus de lézine qu'aucun Commis de magasin ? Le Français sera t'il toujours en contradiction avec lui-même ? Il sent toute la nécessité & les avantages du commerce. Il n'hésite pas à dire que sans lui le Royaume perdrait ses forces, sa splendeur & son abondance; & cependant il en défend l'exercice à tous ceux qui par leur naissance sont au-dessus du commun des hommes. Il voudrait donc ne devoir qu'à de vils instrumens sa puissance, sa gloire & son bien-être. Cette façon de penser n'est-elle pas digne d'une nation qui se croit supérieure à toutes les autres par la solidité de son jugement & l'étendue de ses lumiéres ? Je sais bien qu'aujourd'hui tous ceux qui se piquent d'être revenus d'une multitude d'anciens & ridicules préjugés, condamnent la sotte vanité de nos ayeux; mais on ne laisse pas moins subsister la stupide loi qu'ils ont portée à cet égard.

On dira, peut-être, que le peu de bonne foi qui accompagne les ventes, l'esprit de cupidité dans lequel on les fait, & les finesses frauduleuses qu'on y employe, mettent le commerce trop au-dessous de gens qui doivent être si scrupuleux en matiére d'honneur, que leur parole doit valoir un contrat. Je conviens que ces réponses sont séduisantes, mais elles n'ont qu'une aparence de raison. L'avarice & la fourberie ne sont pas les compagnes inséparables du négoce : qu'il se fasse avec probité, il en sera plus accrédité. On distinguera bien-tôt par la voix publique un honnête homme d'avec un trompeur. Qu'on punisse ce dernier par amour pour la justice & pour la réputation du corps, on verra alors si un gentilhomme doit rougir de contribuer au bonheur de ses concitoyens.

Quel est le patriote le plus estimable ? Est-ce *Orgon* qui fait subsister deux cens personnes par les travaux de ses manufactures & par les embarquemens de ses marchandises, ou très haut & très-puissant Seigneur le Marquis de *la Canardiére*, dont tout le mérite à soixante ans, est d'avoir tué dans sa vie onze cens perdreaux au vol, fouetté quatre cens liévres, & fait mettre trois paysans au carcan devant sa Gentilhommiére, pour avoir été surpris à tendre des lacets dans sa garenne ? Voilà un personnage fort utile à l'Etat, & bien digne de l'encens dont on le parfume à la Paroisse.

Du préjugé conçu au désavantage des Négocians, il résulte un très-grand mal ; c'est l'anéantissement des meilleures Maisons du commerce qui ne passent pas ordinairement la troisiéme génération dès qu'elles l'ont quitté. Un pere de famille riche de cent mille écus, en continuant l'éxercice de sa profession s'agrandira, & sera à même de donner des fonds à ses enfans qui les feront valoir. Les voilà tous opulens, ou du moins dans le chemin de le devenir. Mais ce même homme entiché d'une vaine gloire, ambitionne le Capitoulat ; il y est élevé : aussitôt les comptoirs sont fermés, les enfans arborent le plumet, & pour soutenir la qualité qu'ils viennent d'acquérir, confomment souvent leur patrimoine avant d'être en droit de l'éxiger. D'où vient une des plus grandes villes du Royaume, & celle, peut-être, où il y a le plus d'esprit, est-elle si pauvre ? Elle est située de manière à pouvoir faire un commerce immense ; la Garonne passe au milieu de son enceinte ; le superbe canal de M. Riquet lui donne la communication des deux mers ; son territoire est des plus fertiles ; la vie y est abondante ; les habitans en sont très-laborieux : cependant rien n'y est plus rare que l'argent. Sans les Etrangers, & en particulier les Anglois qui viennent y répandre leurs livres sterling, il n'y resterait pas une fille de joie. D'où vient, dis-je, cette pauvreté ? C'est que tous les Commerçans veulent être alternativement Capitouls, & que dans l'espace de cinquante ans, quatre cens familles sont ennoblies & tout à la fois ruinées.

Les plus sages d'entre ces nouveaux Nobles trafiquent en secret, quoiqu'ils ayent grand soin d'en dérober la connaissance à leurs Confrères. Le démon

F 2

de la Noblesse posséde presque tout le corps, & l'on n'y est occupé que du choix des alliances. *Géronte*, homme aimable tant qu'il n'étoit que simple citoyen, mais aujourd'hui plus orgueilleux qu'un Espagnol, a fait acquisition d'une bicoque qu'il a superbement érigée en château. Il ne parle plus que d'écussons & de quartiers. Les armes du moderne Ecuyer se gravent sur toutes les cheminées de la ville & de la campagne. Mon fils le Chevalier, dit-il, je le mets au service où je prétens qu'il reléve sa condition par sa belle dépense. Mon aîné reste auprès de moi dans une gracieuse & estimable oisiveté, pour ne pas trop exposer ma famille. Observez que pour mieux ressembler aux gens de qualité, il entretient une Actrice. Pour ma fille, je la donne à un Gascon descendu en droite ligne d'un Connétable que la succession des tems a ruiné; la dot raccommode ses affaires. Qu'arrivera-t'il à Géronte ? Il ne se passera pas dix ans qu'il ne soit réduit à aller tristement finir ses jours dans sa chaumiére. Il y souffrira la faim, le froid

& l'ennui ; mais auſſi mourra-t'il noble, & ſes enfans ſeront gentils-hommes. Voilà les fruits de la ſotte vanité d'un peuple qui s'obſtine à conſerver des uſages qu'il connoît pernicieux.

On regarde comme une choſe impoſſible de déterminer la nobleſſe Françaiſe à imiter les Anglais à cet égard. Elle eſt, dit-on, trop haute. Ce n'eſt pas faire ſon éloge ; la hauteur mal entendue eſt l'apanage des ſots. Sans entrer dans le détail des moyens par leſquels il ſerait aiſé d'y parvenir, je ſuis ſûr que ſi notre Maître voulait rendre un Edit qui autoriſât les gens de condition au commerce, avec les tempéramens que ſa ſageſſe lui fournirait abondamment, on verrait la moitié des perſonnes de qualité profiter ſur le champ de cette heureuſe liberté. Quelques vieux adorateurs d'un parchemin rongé des rats, gémiraient, mais leurs plaintes ſeraient étouffées par les ſecours qu'ils tireraient en peu de tems de l'induſtrie de leurs enfans. Certains grands Seigneurs, peut-être enyvrés d'orgueil & regorgeans de richeſſes, croiraient leur ſang avili ; mais les renversemens de fortune qui ne sont que trop fréquens les obligeraient à donner des éloges à ce qu'ils auraient cru digne de blâme. Je suis d'autant plus autorisé à soutenir qu'il serait aisé de nous inspirer des sentimens raisonnables à ce sujet, qu'on a remarqué avec quel empressement la Noblesse qui a passé aux Isles pour raccommoder ses affaires s'est adonnée au commerce. Cette même Noblesse revient en France, y occupe les premiers emplois militaires, & ne laisse pas de continuer le trafic des sucres & des indigots par le moyen de ses correspondans. Nous donnera t'on une réponse satisfaisante quand nous demanderons pourquoi le commerce est plus honteux en France qu'à Saint Domingue? Je dirai moi, que si quelqu'espéce de négoce est incompatible avec la générosité du cœur d'un Gentilhomme, c'est uniquement celui des Isles. Tous les travaux s'y font par des esclaves. Ces malheureux sont à chaque instant victimes des emportemens & de la colére d'un Maître qui ferme l'oreille à la voix de la nature, & ne regarde ces hommes que nous avons enchaînés, contre toute équité, que comme des bêtes de charge. Aussi remarque-t'on que la plûpart de ceux qui ont demeuré long-tems dans ces pays, & qui y ont des habitations, en raportent un cœur dur & un caractére féroce. Le sexe même y contracte ces défauts. Les ventes ou les échanges des marchandises s'y font avec une méfiance & un rafinement de fraude, dont nos Négocians Européens auraient honte. C'est enfin à qui trompera plus adroitement son plus proche voisin. On sait cependant que le commerce roule particuliérement sur les Gouverneurs, Commandans, Officiers & autres personnes de distinction, qui vont y rétablir leur fortune. Qu'on dise après cela que le Français n'est pas le peuple le plus frivole & le plus inconséquent.

Si les Négocians sentaient tout leur prix ; s'ils savaient quelle est l'excellence d'un Citoyen, dont toutes les démarches tendent à l'agrandissement de sa Patrie, ils n'ambitionneraient point de vains titres d'honneur qu'ils achètent mille fois plus qu'ils ne valent. Ils préféreraient l'avantage d'être les premiers & les plus utiles roturiers du Royaume, au désagrément d'en être les derniers nobles, & presque toujours les plus inutiles. S'ils témoignaient moins d'ardeur à acquérir les droits & le rang de gens de qualité, on serait plus disposé à les leur accorder. Leur ambition est cause qu'on leur fait payer cher un parchemin que leur sottise met à si haut prix.

Il faut convenir que rien au monde n'est plus insensé, que la conduite des personnes qui sacrifient tout à cette sotte vanité : car enfin quel est donc le rare avantage que je dois retirer de ma nouvelle condition ? En butte à l'envie du peuple & à la contradiction de mes égaux, je deviens presque toujours la risée des nobles de la véritable roche. Mes descendans pourront à la vérité par une suite d'alliances, qu'il faudra acheter au poids de l'or, en recueillir quelques fruits ; mais cette espérance n'a rien de plus assuré que sa propre incertitude.

Il est bien dur, me dira-t'on, de se

se voit éternellement condamné à un état, qui tout estimable qu'il est, ne laisse point d'être avili. Qu'il serait aisé d'obliger les Français à rectifier leurs préjugés, si tous les Négocians avaient à cet égard, autant de sagacité qu'ils en montrent dans la régie de leurs affaires ! Qu'ils se restraignent à s'allier entr'eux. Qu'ils ne soient pas assez dupes pour payer les dettes d'un illustre débiteur, en troquant leur or & leurs filles contre la chimére d'un nom, dont quelquefois on leur défend de se prévaloir. Qu'ils accumulent leurs tresors en augmentant le commerce, & en se rendant nécessaires à leurs Concitoyens, bien-tôt on sera obligé de leur offrir ce qu'ils ne demanderont plus. Tant qu'ils seront assez ennemis d'eux-mêmes pour paraître faire un si grand cas d'une qualité qui n'est réellement respectable, que quand on l'obtient directement du Monarque pour quelque service rendu à sa couronne, ou quelqu'avantage procuré à ses sujets, on aura soin de perpétuer la loi qui dégrade le commerce. Elle est trop utile à tous les

G

grands Seigneurs ruinés pour qu'on l'abolisse.

Les Négocians qui quittent le commerce pour acheter des charges qui ennobliffent, contribuent de toutes leurs forces à éternifer cette injufte politique. Ils deviennent pour l'ordinaire, fi vains & fi préfomptueux, qu'ils femblent avoir honte d'entretenir l'amitié de ceux au-deffus de qui ils ont cherché à fe mettre. Ils provoquent par là leurs anciens affociés à les imiter. Nouveaux achats de charges. Nouvelles alliances qui vont enrichir des familles, où on croira beaucoup trop les honorer en acceptant leurs ducats.

Ce n'eft pas d'aujourd'hui qu'on fe plaint de la vanité, & même de l'arrogance des parvenus. Je n'en ai jamais été furpris. La fatuité eft le propre des petits génies. Or il faut abfolument être dans cette claffe, pour immoler les avantages réels d'une profeffion honnête à tous égards, l'aifance, les plaifirs & le bien-être, dont elle eft la fource, à un frivole & trèsleger titre, qui attire le plus fouvent cent mauvaises plaisanteries à son acquereur. Il faut bien qu'il se dédommage par quelqu'endroit de la diminution de ses espéces. Il les a données pour se mettre au niveau de ceux qui avaient intérêt de lui inspirer du mépris pour son ancien état. Il n'a pas eu plutôt vuidé ses coffres, qu'on lui a fait sentir toute l'erreur dans laquelle on l'avait induit. Frustré de l'espérance d'aller de pair avec les grands, il est assez imbécile pour se croire au-dessus de ses égaux, & assez fat pour afficher la hauteur & l'impertinence vis-à-vis ceux qu'il imagine ses inférieurs. Cette conduite est une suite nécessaire de sa premiére démarche.

Pour finir l'article du commerce, je dirai qu'il est regardé aujourd'hui comme il doit l'être par les philosophes, les personnes de bon sens & les bons citoyens : mais il s'en faut bien qu'il jouisse dans l'Etat de toutes les prérogatives qu'il mérite. Des raisons de politique que l'intérêt des grands a soin d'entretenir, une prévention injuste, ignorante & honteuse, lui raviffent une partie des distinctions &

des prééminences dont il eſt digne. Au reſte, il n'y a pas d'aparence que ce qui s'apelle public, change de façon de penſer à ſon égard, parce que l'empreſſement des Négocians à abandonner leur profeſſion dès qu'ils ſont opulens, autoriſera toujours l'injuſtice qu'on fait au commerce.

DES CLOITRES.

IL y a long-tems qu'on a agité cette importante queſtion, ſavoir : S'il eſt plus avantageux à un Etat d'avoir des Moines (a) que de n'en point ſouffrir. Je n'ai pas beſoin de prévenir que j'écris en Philoſophe, & qu'ainſi je ne puis les conſidérer que relativement aux intérêts temporels du Royaume.

Il faut les regarder, diſent les dévots, comme autant de Moïſes qui tiennent les mains élevées, tandis que les enfans d'Iſraël combattent. C'eſt une armée de juſtes qui fait une ſainte violence au Ciel en notre faveur. Les Moines dans ce point de vue ſont très-utiles. Il n'eſt point queſtion d'aprofondir, ſi le zèle de leurs apologiſtes eſt auſſi éclairé qu'ardent. Examinons ſans prévention de quelle utilité ou de quel préjudice

___

(a) Par ce mot de Moines ou de Religieux, j'entens tous ceux qui ſe lient par des vœux, & qui vivent en Communauté, ne voulant pas faire une diſtinction des Moines & des Religieux, parce que cela eſt fort inutile à mon ſujet.

ils peuvent être à la société civile.

Cet éxamen politique est d'autant plus raisonnable, que l'intérét de chaque Religieux, ou celui de sa famille, déterminant presque toujours la vocation, il ne serait pas juste d'envisager les Couvens du côté du spirituel. L'amour de la pénitence & tous les autres pieux motifs de retraite, ne peuplent plus guéres les Cloîtres.

Il y a de trois espéces de Moines. Les uns consacrent leur vie uniquement à la contemplation, les Chartreux sont de ce nombre. D'autres font profession d'une vie purement active, tels sont les Freres de la Charité. Les troisiémes enfin sont tout à la fois actifs & contemplatifs. Parmi ces derniers, les Jésuites se distinguent par le soin qu'ils prennent de régir les ames & d'élever la jeunesse.

On compare très-justement un Etat à un arbre dont chaque citoyen est une branche. Les Chartreux, les Peres de la Trape, les Camatdules peuvent être, j'en conviens, des personnages respectables ; mais ce sont des branches mortes, & qui tiennent la place d'autant de rameaux qui porteraient du fruit. La plûpart de ces Communautés sont fort riches, & avec un petit éxamen de conscience, seraient peut-être obligées à de grandes restitutions. Je sais que ces Cloîtres sont l'azile d'autant de sujets qui doivent trouver leur subsistance dans le Royaume; mais ils doivent en même-tems la procurer à d'autres. Le Ministére doit toujours avoir pour but le bien du tout. De quel œil voit-il donc des milliers d'hommes qui pourraient être Soldats, Officiers, Juges, Négocians, peres de familles, & qui ne font rien ? Que peut-il penser de cet amas de richesses dont on fait usage pour bâtir les superbes prisons de ces reclus ? Ces tresors circuleraient dans d'autres mains. Le seul avantage qu'ils procurent dans celle de ces peres, est d'occuper quelques maçons à faire du séjour de la pénitence & de la pauvreté évangélique, un trophée de faste & de magnificence. S'ils dérogent ainsi à l'état qu'ils ont embrassé, ne craignent-ils pas qu'on le sen fasse changer tout-à-fait ? Hélas ! peut-être cette crainte ne serait-elle capable d'inquiéter que les viellards & quelques-uns des Novices.

Mourir au monde est sans doute le devoir d'un Chrétien ; mais il doit y mourir de cœur & d'affection seulement. La charité dont toutes les œuvres sont les mêmes que celles de la simple humanité, & qui ne différe de celle-ci que par la supériorité & l'excellence de son principe, me paraît directement oposée à cette extrême indifférence pour toutes les créatures. Est-ce aimer son prochain parfaitement, que de se contenter de prier pour lui ? S'en tiendrait-on à cette seule occupation pour soi-même, si on n'était assuré que le réfectoire ne manquera pas ? Pour moi je parlerais contre la voix de ma conscience, si je n'avouais que je regarde cette espéce de Moines comme fort préjudiciable au bien général. Je ne trouve aucune raison solide capable de démontrer leur utilité. J'ajouterais si je voulais, que ces Couvens sont d'autant plus incompatibles avec le bonheur public, qu'ils sont le malheur des particuliers, puisqu'ils font une source d'amertume pour la plûpart de ceux que les vœux y retiennent. Parlons maintenant des Religieux qui s'adonnent à une vie tout-à-fait active.

Les Freres de la Charité, s'engagent à servir les pauvres. Ce sont les économes des libéralités chrétiennes en faveur des malheureux. Voilà le seul genre de Communauté que je trouve, non-seulement utile, mais même nécessaire. On pourrait à la vérité faire régir par des séculiers, les fonds & les revenus des donations faites aux pauvres, mais jamais cette administration ne vaudrait celle de ces Freres : leur ambition est moins étendue que celle des autres Ordres.

Leur état les obligeant à un travail perpétuel, ils n'ont pas le tems de scandaliser par toutes les suites de l'oisiveté. Ils ne troublent point la paix des consciences par des disputes de controverse. S'ils n'observent pas à la lettre toutes les pratiques de pénitence que Jean de Dieu leur a prescrit, ce sont leurs affaires particuliéres ; il me suffit à moi, ainsi qu'à toute l'espéce humaine, qu'ils fourniffent à manger à ceux qui ont faim, qu'ils médicamentent les malades, & qu'ils donnent la fépulture aux morts, toute leur vie eft d'ailleurs une pénitence perpétuelle. Ce font les martyrs de l'humanité, conféquemment les plus utiles de tous les hommes. Je fupofe qu'on confiât les deniers des pauvres à des mercenaires ; ceux-ci travailleraient pour leur propre intérêt. Quelque foin qu'on prît de veiller fur leur conduite, ils enrichiraient leur famille par mille rubriques qu'invente l'avarice. Le changement d'adminiftrateurs porterait préjudice à l'adminiftration. La confiance des bienfaiteurs ferait moindre, par conféquent les aumônes diminueraient. Si on accufe les Freres de la Charité de chercher à s'enrichir, quel ufage feront-ils de leurs richeffes ? Ils agrandiront leurs maifons pour augmenter le nombre des Religieux. Voilà ce qui peut arriver de plus heureux ; car comme chacun de ces réguliers travaille & gagne affurément au-delà de fon propre néceffaire, plus ils feront multipliés, plus les richeffes des pauvres accroîtront ; plus ces mêmes pauvres auront d'honnêtes Domestiques. L'argent de la Communauté n'en sort point : plus il y en aura, plus on recevra de malades. Si l'on pouvait dire que les donations, dont ces Freres sont les fermiers, sont employées à nourrir & entretenir des fainéans qui font servir les pauvres par des Domestiques, cette conduite également contraire à la justice & à leurs vœux, leur devrait attirer l'indignation publique : ce serait une friponnerie indigne. Qu'ils sont éloignés de mériter ce reproche ! ils travaillent tous d'une maniére infatigable. Plusieurs même d'entr'eux se ménagent si peu, qu'ils se consument aux opérations de la chirurgie & de la pharmacie.

Si quelque chose m'a fait connaître toute la force de la charité chrétienne, c'est de les avoir vû dans l'éxercice le plus bas & le plus dégoûtant auprès des malades. Il n'y a point d'homme qui ne puisse gagner sa vie & son entretien, aussi peu considérable que le leur, sans vaquer à un emploi aussi pénible & aussi rebutant, toutefois ils s'obligent à ces fonctions par des vœux d'obéissance : ils font plus, ils les remplissent.

C'est assurément, sans aucun esprit de partialité, que je fais l'éloge de ce genre de Moines. Autant j'ai vû d'inutilité & de préjudice dans l'espéce de ceux dont j'ai déja parlé, autant j'ai rencontré d'avantage & de nécessité dans celle-ci. A regarder les choses purement en politique, le seul reproche qu'on pourrait leur faire, serait le célibat. Le soin qu'ils ont de conserver la vie à ceux qui la perdraient sans l'abondance de leurs secours, dédommage l'Etat à cet égard. Venons aux Religieux qui ont embrassé une vie tout à la fois active & contemplative.

Ces sortes de Communautés fournissent des Curés, des Desservans, des Confesseurs, des Prédicateurs, des Aumôniers & des Professeurs. On ne peut donc pas dire qu'elles soient inutiles. Il s'agit de décider si les secours que le public en retire peuvent être mis en compensation avec les dommages dont il est en droit de se plaindre.

J'ai dit que je ne voulais considérer les Cloîtres que relativement au bien temporel de l'Etat. Je mets les fonctions ecclésiastiques au rang des avantages qu'il en reçoit, parce qu'effectivement ces sortes de travaux, quoique spirituels, font une des principales parties des devoirs & du bonheur de la société.

Si tous les membres de ces Communautés partageaient les occupations de quelques-uns des sujets qui instruisent la jeunesse, ou qui vaquent au ministére des ames, on aurait tort de se plaindre de leur trop grand nombre; mais pour dix Religieux qui dans un Ordre se rendent utiles, deux mille autres passent leur vie dans une oisiveté indigne de l'homme. C'est l'azile d'un nombre infini d'indolens, dont tout le mérite consiste à savoir attendre le coup de cloche, pour se rendre au chœur & au refectoire. L'inaction les excite à la recherche des compagnies mondaines, ausquelles il ne s'incorporent que pour devenir l'arcboutant des diſſenſions qui troublent & diviſent les familles. C'eſt, dira-t'on, un très-grand bien de trouver à placer dans les Cloîtres, beaucoup de gens ſans fortune, & qui ſeraient à charge à leurs parens. C'eſt, ſelon moi, un très-grand mal, car c'eſt l'anéantiſſement de l'induſtrie. Il n'y a point d'homme à qui la nature n'ait donné des moyens ſuffiſans de ſubſiſtance, j'en excepte les perſonnes eſtropiées. Or les Couvens ne leur ſont d'aucune reſſource, on n'y reçoit que des gens bien conſtitués.

Au reſte je ne ſuis pas ſurpris de rencontrer des défenſeurs & des apologiſtes de l'état monaſtique parmi les ſéculiers. Eſt-il rien de plus propre à ſervir l'avarice de ceux qui ſacrifient leur ſang à l'odieuſe avidité de recueillir un plus abondant héritage? Ne tient-il pas lieu de patrimoine à la plûpart des enfans de l'amour, & ne couvre-t'il pas certains vices qui excluent de l'honnête ſociété?

Supoſons qu'il y ait cent mille Réguliers dans le Royaume, je ſoutiens comme un fait inconteſtable, qu'il n'y en a pas huit mille qui se rendent utiles ; reste quatre-vingt douze mille hommes que l'Etat nourrit & entretient dans l'inaction. La plûpart d'entr'eux ont le superflu avec prodigalité, tandis que le Soldat, l'Artiste & le Laboureur n'ont pas le nécessaire. Quels services un Royaume n'aurait-il pas droit de prétendre d'une multitude aussi considérable de citoyens, si chacun d'eux faisait usage de ses talens ? Quelle perte générale, & en même-tems que de malheurs particuliers ! Sur cent Religieux, à peine en trouverait-on deux qui au bout de trois ans seulement de profession, voulussent tenir leurs vœux, si on leur permettait de les rompre, je dis de ceux même qui ont subi le joug volontairement. A l'égard des infortunés qui ont été les victimes de la dureté de leurs familles & de l'ambition de leurs collatéraux, ils suffiraient seuls pour faire regarder l'Etat monastique comme un abus très-pernicieux, sur le pied qu'il est aujourd'hui.

Les Moines, même les plus utiles, sont préjudiciables, en ce qu'ils contribuent à couvrir l'inutilité de leurs confréres, qui, semblables au frelon, ne subsistent qu'en volant le miel des abeilles. N'est-ce pas une chose bien contraire au droit, & capable d'exciter les murmures, & par conséquent d'éteindre toute espéce d'émulation parmi les Ecclésiastiques séculiers, de voir tant de Communautés réguliéres posséder des Bénéfices considérables qu'elles font desservir par un pauvre Prêtre qui porte le poids & la chaleur du jour, & qui est réduit à la simple congrue ? Quoique les richesses de l'Eglise soient le bien des pauvres, les Moines ne font point difficulté de les employer à la pompe de leurs ornemens, à la beauté de leurs palais, à l'élégance de leurs Jardins, & à l'abondance de leur Table. Une telle aisance doit-elle être le fruit de l'oisiveté, & le partage des ravisseurs du bien d'autrui ?

De toutes les Communautés qui réunissent la vie active à la contemplative, celle des Jésuites est au premier aspect la plus avantageuse au public. Le soin d'élever la jeunesse,

nesse, & la liberté de quitter l'habit pendant l'espace de trente ans qu'on est à faire les derniers vœux, la mettent dans une classe bien supérieure à celle de toutes les autres. Cette liberté est le chef-d'œuvre de la politique de Loyola. On ne voit guéres parmi eux de sujets qui se plaignent de leur état. Chacun y est content, & cette satisfaction les engage à remplir avec éxactitude tous leurs devoirs. On peut dire avec vérité, que presque aucun d'eux n'est oisif, & certainement nul n'est inutile à leur société. Ils ont grand soin de ne recevoir que des sujets de trois classes. Des personnes de nom, des génies ou des richards. Les personnes de nom les mettent à l'abri des tempêtes où tout autre qu'eux ferait naufrage. Les génies sont l'ornement de l'Ordre, & les instrumens dont ils se servent pour attirer la bienveillance des familles qui leur confient ce qu'elles ont de plus précieux. Les richards sont des ressources à tout événement. Il n'y a pas lieu de craindre que jamais ils soient dans la disette de No-

H.

vices tels qu'ils pourront les souhaiter ; tant qu'on leur laissera les Colléges. Il est si facile à d'aussi habiles politiques de ménager le choix qu'ils font à même d'en faire, qu'on peut répondre de la perpétuelle durée de leur régne.

On est obligé de considérer les Jésuites sous un autre point de vue que tous les autres réguliers. Ceux-ci sont nuisibles à l'état, parce qu'ils y sont des membres morts ; ceux-là sont préjudiciables, parce qu'ils sont trop vivans. L'industrie de chacun d'eux serait digne d'une grande considération dans un particulier qui serait au niveau des autres citoyens ; mais elle est fort à craindre dans une nombreuse & puissante société. Quelque ferme que soit une monarchie, il n'est pas expédient d'y laisser subsister un corps qui s'agrandit tous les jours, & qui pénétre tout à la fois dans les secrets des familles & dans ceux du ministére. Des éxemples trop funestes & trop réïtérés doivent garantir la solidité de ce raisonnement.

Je n'entre point dans le détail de toutes les intrigues & des vues particuliéres dont la voix publique les accule. C'est à ceux qui tiennent les rênes du Gouvernement à aprofondir des objets d'une si grande importance. Je serais d'ailleurs coupable de calomnie si je cherchais à accréditer ces bruits, parce que n'étant pas initié dans leurs myſtéres, je ne pourrais aſſurer rien de poſitif. J'écris en bon citoyen. Perſuadé que je ne ſuis pas fait pour moi ſeul, le bonheur de mon pays m'intéreſſe. Celui du dernier de ſes habitans ne m'eſt point indifférent. *Homo ſum humani nil à me alienum puto.* J'éxamine donc, ſans aucune eſpéce de prévention, ce qui peut contribuer au bien ou au mal public, parce que c'eſt travailler pour chacun des particuliers qui le compoſent.

Il n'eſt pas difficile de conclure que je regarde les Moines comme un corps fort à charge à la ſociété. Tout ce que j'ai dit à cet égard m'a paru fondé ſur un ſyſtême raiſonné. Si par une très-juſte conſidération je faiſais entrer le défaut de population dans toutes les pertes qu'ils caufent, on verrait que quatre-vingt-douze mille peres de famille que la néceffité rendrait laborieux, & qui occuperaient leurs enfans à différentes profeffions, ne font pas des objets d'une petite conféquence. Je ne dis rien des mendians. Il faudroit être aveuglé pour ne pas convenir qu'ils font d'inutiles fardeaux fur terre. Ce ferait même beaucoup fi on ne leur pouvait reprocher que l'inutilité. A charge aux pauvres même qu'ils fruftrent des aumônes dont ils devraient rougir, ils rendent pour ainfi dire la religion méprifable. Toutes les baffeffes aufquelles la mendicité les expofe, avilit la fublime grandeur de l'humilité chrétienne. Si l'on regarde avec dédain un homme qui, vivant d'un bien qui lui apartient, femble n'être né que pour lui-même, de quel œil peut-on voir une armée entiére de Citoyens qui fubfiftent aux dépens de leurs compatriotes, fans contribuer au lien de la fociété par les fecours mutuels qui le forment? Je me tais fur les mœurs des réguliers. Quoique la conduite des particuliers foit une des causes du bien ou du mal public; je passerai cet article sous silence, persuadé que la vertu leur coûte beaucoup plus qu'à d'autres, parce qu'ils font vœu d'être vertueux.

Si des raisonnemens politiques feraient desirer, sinon l'anéantissement total & subit des Couvens d'hommes, du moins une très-considérable diminution, ces mêmes raisonnemens s'élèvent contre la clôture des femmes, mais avec bien plus de force. On ne peut disconvenir que la société tire quelqu'espéce de parti des Moines. Il n'en est pas ainsi des Religieuses. Toutes ces pieuses prisonnières sont autant de corps ensévelis. Quelques-unes de leurs Communautés se chargent à la vérité d'élever les Demoiselles; mais indépendamment de ce qu'il n'est pas nécessaire d'enterrer deux cens personnes toutes vives pour en instruire une vingtaine, l'éducation des jeunes filles serait aussi-bien entre les mains de certaines femmes capables, qui en feraient leur état, qu'entre celles des Nones.

N'ayant point envie de donner matiére aux mauvaises plaisanteries, je ne ferai point valoir les pertes que le Royaume fait par la stérilité d'un si prodigieux nombre de citoyennes; ce ferait d'ailleurs répéter ce qui a été dit sur le compte des Moines. Je veux envisager au contraire les Couvens de filles par l'endroit le plus avantageux. On verra si leur établissement peut être compatible avec le bien du tout.

Je l'ai déja dit, le seul service que nous retirions des Religieuses, est d'élever les filles; cette éducation n'est pas sans de très-grands inconvéniens, en ce que l'on abuse souvent de la jeunesse & de la simplicité d'une innocente créature, pour la rendre l'éternelle victime de l'art suborneur & inhumain qu'on a employé, à dessein d'en faire une compagne d'infortune. On sait combien les Religieuses se prêtent aux intentions dénaturées des familles, qui, pour avantager quelqu'enfant, en sacrifient souvent plusieurs; en sorte que les Communautés de femmes se trouvent peuplées de sujets morts au monde, & qui pourtant se désespérent de n'y pouvoir pas vivre.

Si ces Couvens n'éxistoient point,

tels & tels qui par des motifs de charité ont fait & font tous les jours des fondations en leur faveur, répandraient leurs largesses dans le sein des pauvres familles. Au lieu de donner de quoi enfermer des filles, on fournirait de quoi les marier. Il est encore très-assuré que quand on n'aurait plus cette ressource pour détruire autant qu'il est en soi ses propres enfans, on redoublerait de travail & d'industrie pour leur faire un sort ; tout le monde y gagnerait.

Quelqu'un peut être moins persuadé que moi qu'il ne saurait y avoir trop d'hommes sur la terre, parce que leur multiplicité fait leur bonheur : ce quelqu'un, dis-je, voulant prouver l'utilité des Couvens de femmes, me dira que s'il est vrai que la clôture du sexe prive l'état d'un dixiéme au moins de ses sujets, du moins est-il faux que le Cloître soit le plus souvent le séjour du desespoir. La raison est qu'on prononce volontairement ses vœux, & qu'un noviciat sert d'épreuve. Je commence par nier qu'on prononce volontairement ses vœux.

Julie, brune piquante, d'un esprit doux, d'un caractére enjoué, d'un cœur excellent, âgée seulement de quatorze ans & demi, tombe malade dans le Couvent où elle était depuis l'âge de sept ans. Les Médecins prétendent que le changement d'air lui est nécessaire. Effectivement, *Julie* en fort peu de tems recouvre la santé. Elle se déplaisoit dans ce Monastére; l'ennui étoit la source de son mal. Dès qu'on s'aperçoit du retour de son embonpoint, on parle de la remener chez les très-saintes Meres. La pauvre fille à qui trois mois de société civile avaient inspiré plus de dégoût pour la retraite, se jette aux genoux de sa mere, lui déclare que c'est lui donner la mort que de la forcer à quitter les auteurs de ses jours. Malheureusement elle avait trois freres & deux sœurs qu'on voulait établir; il faut donc se résoudre à entrer en religion. Elle a beau employer la voix de la nature pour plaider ses intérêts, son pere ferme l'oreille à toutes ses representations, & la prenant, ainsi que sa mere, dans leur équipage, la conduisent dulſe eux-mêmes à l'Abbeſſe. C'eſt, dit la tendre & chére maman, un ſacrifice que je vous fais, Madame, de vous donner ma fille ; je l'aime ſi fortement ! A ces mots elle tire un mouchoir de ſa poche dont elle s'eſſuïe les yeux. Le pere auſſi cruel, mais moins fourbe, dit tout uniment à l'aimable *Julie*, qu'il la deſtine à l'état monaſtique, & que ſi elle réſiſte à ſes volontés, elle ne trouvera plus en lui toutes les bontés dont il l'accable. Ces bontés conſiſtaient à lui avoir fait un petit trouſſeau fort propre ; c'était l'amorce qu'on tendait au poiſſon. *Julie* voit partir ſes pere & mere qui tout dénaturés qu'ils ſont lui arrachent des larmes de tendreſſe & d'amour. Une fiévre lente ne tarde pas à faire craindre pour ſes jours. Sa mere la vient voir, & lui promet que ſi elle veut prendre encore patience au Couvent pendant ſix mois, on l'en tirera au bout de ce tems. Vois-tu, ma chére enfant, lui dit-elle, le *Comte d'Interville* veut épouſer ta ſœur aînée, & pour faire réuſſir ce mariage, il faut lui perſuader que tu vas te faire Reli-

I

gieuse; ta seconde sœur va feindre aussi de se retirer du monde, & dès que le mariage sera conclu, vous reviendrez l'une & l'autre à la maison paternelle. Ces promesses sont confirmées par des affirmatives si fortes & des démonstrations d'amour maternel si vives, que la pauvre *Julie* donne dans le panneau. Le lendemain au matin elle voit arriver cette seconde sœur, qui était bien instruite du rôle qu'elle devait jouer. Celle-ci que nous apellerons *Lucile*, accable de baisers l'innocente *Julie*, qui croit que son sort changera bien-tôt, & qui en peu de tems recouvre la santé. *Lucile* reste pendant un mois dans le Couvent avec sa sœur. Les père & mere envoyaient fréquemment pour savoir des nouvelles de leurs filles qui recevaient journellement de petits cadeaux propres à les convaincre d'un souvenir continuel. Au bout de ce mois, ils viennent eux-mêmes, & affectant un air de satisfaction, ma chére *Julie*, dit la mere, il ne tient qu'à toi d'accélérer ta sortie du Couvent, en faisant terminer promptement le mariage de notre aînée. Et comment lui répondit vivement cette belle fille ? En prenant l'habit dans cette Communauté : cela ne t'engagera à rien ; car je te garantis que quand le Comte d'*Interville* saura que tu auras pris le voile, auſſi-tôt il conclura avec nous. Cette propoſition révolta d'abord *Julie* ; mais l'adroite *Lucile* ; qui avant d'entrer au Couvent avait été inſtruite du perſonnage qu'elle devait faire, la perſuada, en offrant de l'imiter avec une aparence de bonne foi tout à fait ſéduiſante. Elle ne croyait pas être priſe au mot, cependant elle le fut, & *Julie* aſſura qu'elle ferait tout ce qu'on voudrait, pourvu que ſa ſœur fût de moitié. *Lucile* aimoit ſes cheveux, & en prenant l'habit il fallait les couper. Sans doute qu'elle ſe ſerait retractée de bon cœur ſi elle l'avait oſé : mais le plaiſir de faire une ſœur Religieuſe pour partager ſes dépouilles, la promeſſe qu'on lui avait fait de la tirer du Couvent, ſous prétexte d'une maladie, lorſque ſa ſœur ſerait une fois Novice, la crainte enfin de ſes parens, lui firent prendre ſon parti.

Pour mieux faire tomber la pauvre dupe dans le piége, on lui recommanda bien de ne point témoigner à la Communauté que fa prife d'habit ne fût qu'un jeu. Le lendemain les deux fœurs demandérent le voile à l'Abbeffe. Celle-ci qui était intéreffée, par l'efpoir d'une dot, à augmenter le nombre de fes Religieufes, & qui d'ailleurs était gagnée par le pere des deux Demoifelles, homme d'un grand crédit, leur accorda leur demande. Cependant la fœur aînée ne fe marioit point. On les accabloit l'une & l'autre de ptits bijoux & de colifichets : on enjolivait leurs cellules ; elles étaient perpétuellement fêtées, & les jours s'écouloient fans que rien fe décidât. Les pere & mere s'étaient perfuadés que cette démarche une fois faite, il ferait plus aifé aux Religieufes de gagner l'efprit de *Julie*, qu'auparavant. Ils fe trompaient. *Julie*, voyant qu'on ne mariait point fa fœur, & que cependant le onziéme mois du noviciat commençait, fe plaignit amiérement & menaça de quitter l'habit. Son pere & fa mere fe rendirent au Couvent. On essaya d'abord toutes les voïes de douceur pour lui persuader qu'il fallait consommer le sacrifice. Ce discours fut pour elle un coup de foudre : elle se mit à jetter les hruts cris. Dans l'instant le pere la menaça de l'envoyer à deux cens lieues dans une Communauté où il la tiendrait toute sa vie enfermée seule & sans voir qui que ce fût. Ces menaces furent faites avec un ton de fermeté si persuasif, que cette infortunée ne douta point de l'exécution. La douleur lui arracha quelques plaintes, sans pourtant manquer au respect qu'elle devait à ses bons parens. Sa mere lui fit alors envisager toute l'horreur qui accompagnerait son sort si elle s'obstinait à désobéir. Vous serez, lui dit-elle, vêtue d'un gros habit de serge, enfermée dans une chambre dont vous ne sortirez jamais, nourrie sur le pied de cinquante écus par an, & oubliée de toute la terre. Si au contraire vous vous prêtez à nos volontés, vous serez à la vérité Religieuse ; mais éxaminez la beauté de cette Abbaye, la vie en est douce & gracieuse, c'est un séjour délicieux. Nous contribuerons encore à vous le rendre plus agréable par de fréquentes visites & par une pension que nous vous ferons pour contenter vos petites fantaisies. Cette flateuse perspective n'était pas capable de faire changer les sentimens de *Julie*; elle voulut tenter encore une fois d'émouvoir les entrailles maternelles. Toute baignée de larmes, elle se jetta à genoux, suplia qu'on ne la condamnât pas à un malheur sans ressource. Les tendres noms de pere & de mere furent mille fois prononcés; elle assura que pourvu qu'on ne la contraignît point à se faire Religieuse, elle feroit tout ce qu'on voudrait; certifia qu'elle se contenterait de la vie la plus simple chez ses parens, & qu'elle serait sans prétentions. Rien ne fut capable d'exciter la commisération de ceux qui avaient depuis long-tems étouffé la voix du sang & les cris de la nature. Son pere ne gardant plus aucune espéce de ménagement, s'emporta jusqu'à la maltraiter en parole, & se levant tout-à-coup lui dit avec la fureur dans les yeux, qu'il lui jurait foi d'honnête homme que dès le lendemain il la ferait conduire sous bonne garde en lieu de sûreté. *Julie* ne doutant plus de son malheur, lui dit d'un ton capable d'adoucir un tigre, qu'il serait obéi. Aussi-tôt sa mere essaya de calmer sa douleur par des caresses qui n'eurent pas plus d'effet qu'elles n'avaient de sincérité. *Julie* regardant en ce moment sa sœur *Lucile* qui avait été présente à cette triste scène sans proférer un seul mot, lui dit avec bonté, hélas ma chére amie, quel sort m'a-t'on réservé ! Serez-vous aussi malheureuse que moi ? Nous a-t'on trompées toutes deux ? *Lucile* qui avait entré dans les vues de ses parens par obéissance, & peut-être aussi un peu par ambition, ne laissait pas d'avoir un assez bon cœur ; elle n'avait pas senti toute l'indignité de sa conduite ; l'état de sa sœur la pénétrait de repentir. Elle lui répondit en pleurant, qu'elle la plaignait beaucoup, qu'elle espérait qu'on n'userait pas avec elle de la même rigueur ; & qu'elle ne profiterait de son retour dans le monde que pour la venir souvent consoler. En achevant ce discours, elle regarda son pere comme lui demandant la permission de quitter le voile ; mais quel fut son étonnement lorsqu'on lui répondit, que les dispositions de la famille étaient changées ; que le Comte d'*Interville* ne voulait se marier que lorsqu'elles seraient liées par des vœux ? On ajouta que ce parti était si considérable qu'on se trouvait forcé à tout sacrifier, d'autant plus que par cet arrangement il se faisait un double mariage dans ces deux familles, Mademoiselle d'*Interville* devant épouser leur frere aîné. *Lucile* aussi desespérée que sa sœur, mais plus prudente, feignit de se rendre aux ordres qu'on lui prescrivait. Trois heures s'étaient écoulées pendant cette longue visite ; on se sépara d'une maniére à ne pas laisser douter que les pere & mere étaient violemment déchirés par les remords, *Julie* absorbée par la douleur, & *Lucile* outrée de ressentiment.

Dès que les deux Novices furent montées dans leur chambre, elles se mirent à déplorer leur situation. *Lucile* avoua tout à sa sœur, qui fut assez bonne pour lui pardonner. Après les premiers transports de desespoir, *Lucile* dit à *Julie*, qu'elle ne voyait point d'autre expédient, pour se soustraire à la tyrannie, que de s'évader du Couvent, pour s'aller jetter entre les bras de la Marquise de *Fontbonne* leur Tante. Ce dessein fut aprouvé; mais il étoit difficile à exécuter. Elles comptaient toutes deux beaucoup sur les bontés de la Marquise qui effectivement les aurait reçues à bras ouverts. Ces pauvres infortunées se proposérent d'épier toutes les occasions qui pourraient leur être propice. Elles nourrirent ce projet dans leur ame pendant environ un mois. Elles entraient dans le douziéme, & par conséquent le dernier du noviciat, lorsqu'uniquement occupées de leur délivrance, elles s'aperçurent qu'une Touriére, nommée sœur *Léonore*, avait coutume de mettre tous les matins les clefs de deux cours qu'il fallait passer pour sortir du Couvent, dans un enfoncement de murs qui était auprès d'un benitier, tandis qu'elle faisait une assez longue station devant un

Autel de la Vierge. *Lucile* résolut de les escamoter. A cet effet elle vint à l'Eglise plusieurs jours de suite en même-tems que la Touriére.

Ayant enfin trouvé le moment favorable, elle se saisit de ces deux clefs sans être vue. *Julie* qui étoit au guet se hâta de la joindre. Elles furent toutes deux avec précipitation à la premiére porte qui leur laissa bien-tôt le passage libre. La trop grande vivacité avec laquelle ces infortunées Demoiselles s'efforçaient d'ouvrir la seconde les perdit. Elles n'en purent jamais venir à bout. Pour comble de malheur, sœur *Léonor* ayant achevé son chapelet, ne trouvant plus ses clefs, se mit à sonner l'allarme dans le Couvent. On fut bien-tôt instruit du sujet de son inquiétude, & les deux fugitives furent prises sur le fait. On les renferma dans une chambre. L'Abbesse en donna sur le champ avis à leurs parens.

La raison, l'honneur, l'équité, la Religion, tout auroit dû persuader à cette Abbesse qu'elle ne pouvait se prêter à la contrainte qu'on faisait à ces Novices. Il était clair que leur vocation n'était point la clôture, cependant elle convint avec leur pere qui se rendit au Couvent, qu'elle ferait les derniers efforts pour les obliger à s'engager par des vœux solemnels. On ne sait point qu'elles furent les promesses de ce pere barbare; mais on n'ignore pas qu'il augmenta de cent louis d'or la dot de ses filles. Il ne voulut point les voir, & après les arrangemens pris avec l'Abbesse, il se retira. Dès qu'il fut parti, celle-ci fit descendre les deux prisonniéres dans son apartement. Qu'on juge quel pouvait être leur état. Elles fondaient en larmes, protestaient que jamais elles n'avaient eu dessein de se faire Religieuses. *Lucile* raconta la supercherie qu'on avoit imaginée contre *Julie*, & dont elle était elle-même la dupe. Elles espéraient exciter la compassion de leur Supérieure. Elles en étaient effectivement bien dignes. Leur espoir fut trompé. L'Abbesse après la mercuriale la plus dure & la plus humiliante, leur dit qu'on ne prétendait pas les contraindre, qu'au contraire on ne voulait plus les admettre à la profeſſion ; mais, ajouta-t'elle, vous êtes revêtues du ſaint habit ; vous avez ſcandaliſé nos très-révérendes Meres, je ſuis obligée de faire un exemple. Je vous condamne donc à recevoir tous les matins la diſcipline juſqu'à ce que vos Parens vous retirent d'avec nous. La ſentence fut ſans apel. Le lendemain matin deux Religieuſes adminiſtrérent, ſans aucun quartier, vingt coups de diſcipline à chacune de ces infortunées. On continua pendant trois jours de ſuite. Elles ſe déſeſpéraient & étaient à tout moment prêtes à ſe porter aux derniéres extrêmités. Le quatriéme jour de ces indignes exécutions, la Sous-prieure accompagnant les deux flagellantes, ſe rendit à la chambre de ces déplorables victimes & leur dit, qu'elle venait leur montrer une lettre de leurs Parens, qui priaient Madame l'Abbeſſe de les traiter avec beaucoup plus de rigueur, & de les enfermer ſéparément au pain & à l'eau juſqu'à ce qu'on eût pris les arrangemens néceſſaires pour les faire conduire aux extrêmités du Royaume, leur derniére démarche autorisant à recourir à l'autorité du Prince. Tout ce que la douleur a de plus amer, tout ce que la détresse a de plus accablant s'empara tellement de leur ame, qu'elles furent quelque tems comme pétrifiées. Revenues un peu de cet état d'anéantissement, elles levaient les mains au Ciel sans pouvoir proférer une seule parole. Quels secours avaient-elles à en espérer, à moins d'un miracle ? La Sous-Prieure profitant de cet instant critique, leur insinua adroitement, que si elle était à leur place, elle saurait bien fléchir Madame la Révérendissime Abbesse & rentrer en grace avec ses Parens. Elles demandérent aussi-tôt quel moyen il faudrait employer. Témoignez, leur répondit-on, un vrai repentir de votre faute, remettez-vous à la clémence de notre Supérieure, & priez-la de vous continuer ses bontés en vous promettant de vous recevoir Professe. Le mal était trop grand pour ne pas se résoudre au plus violent reméde. Ce conseil fut suivi. L'Abbesse se fit répéter par plusieurs fois que l'on voulait se consacrer pour jamais à la Religion dans sa maison. Après quoi leur donnant le baiser de paix, elle leur dit qu'elle allait instruire leurs pere & mere de leur conversion. Ceux-ci écrivirent une lettre fulminante à leurs filles, mais dont les derniéres lignes annonçaient un retour de tendresse & de bienveillance, si elles étaient fidèles à leurs promesses. Elles le furent en effet, car au bout du mois, elles prononcérent leurs vœux dans cette Abbaye, à la plus grande gloire de Dieu, à l'édification de toutes les très-saintes Meres, & sans doute au salut de leur ame. Un an après *Lucile* mourut, & fut suivie de sa sœur, le dix-septiéme mois de sa profession. (*a*)

Qu'on dise après cela que les vœux se contractent volontairement. Des exemples aussi tristes ne sont pas à la vérité si fréquens, mais tous les jours il se commet mille indignités à cet égard, sur lesquelles il serait tems qu'on ouvrît les yeux.

(*a*) *Ce détail a été su par une Lettre de Lucile, écrite à Mlle de***, & remise par un Victorin, Frere du Confesseur de l'Abbaye, qui s'en chargea sans savoir ce qu'elle contenoit.*

Quand il serait vrai que ce fût de plein gré, sans violence, ou sans séduction que les Religieuses fissent leurs vœux, les Cloîtres n'en seraient pas moins l'affreux séjour du désespoir. Peut-on raisonnablement se persuader que de jeunes filles, sans expérience, & à peine en âge de raison, saient capables de connoître & de décider quel doit être leur état ? Peut-on se répondre à soi-même d'une constance assez invariable, pour oser s'assujettir à une obéissance & à un emprisonnement perpétuel ? Est-on d'ailleurs maître de sa liberté & de toute son éxistence à quatorze ans, tandis que les loix ne permettent point de disposer de cinq sols de capital avant vingt-cinq ans révolus ? Quelles conséquences tirer d'une si dangereuse contradiction ? Je me tais sur cet article ; mais je ne puis m'empêcher de dire que le meilleur & le plus chéri des Rois mettrait le comble à sa gloire, à notre bonheur, & à l'amour dont toute la France est pénétrée pour sa personne sacrée, si par une suite de cette sagesse & de cette bonté paternelle, dont nous recevons des marques journaliéres, il voulait réprimer un abus si directement opofé à l'agrandiſſement de ſon Royaume & au bonheur de ſes ſujets. Cette réforme n'apartient qu'à un Monarque qui a mérité le nom de bien-aimé.

Pour remplir l'objet que je me propoſe, je dirai que la maniére dont on penſe des Cloîtres eſt aſſez uniforme dans notre ſiécle. Tout le monde accuſe les Moines de pareſſe, d'inutilité, d'ambition. On eſtime en particulier ceux d'entr'eux à qui l'on ne peut reprocher que l'habit ; mais en général on mépriſe tout le corps. Si ce mépris eſt raiſonnable, c'eſt ſans doute une ſuite du peu de raport de cet état avec la ſociété. On plaint beaucoup les Religieuſes, mais on les regarde comme des ames puſillanimes, toutes occupées d'images & de confitures. Les dévots ſe recommandent à leurs priéres ; les gens ſenſés leur portent compaſſion ; les libertins & les ſots les tournent en ridicule.

DES

DES MÉDECINS.

LA fortune & la considération, dont les Médecins jouissent dans ce siécle, sont proportionnées au ton que les femmes y donnent. Ce sont elles qui les préconisent, & qui persuadent leur utilité & leur savoir. C'est outrer la matiére que de regarder les Médecins comme Moliére. C'est tomber dans l'excès contraire, de les estimer ce que nos famelettes les aprécient. Il est certain qu'il est possible à l'homme d'acquérir une certaine connoissance de la nature de ses maux & des remédes qu'il faut y aporter. Cette connoissance est si peu commune, & le nombre des Médecins est si considérable, que ce n'est pas sans une espéce de raison qu'on les taxe de charlatanerie. Pour moi je les regarde comme un mal nécessaire. Il est quelquefois avantageux de s'y soumettre pour en éviter un plus grand. L'expérience du soulagement qu'ils procurent de tems en tems, même par hazard, fait oublier les milliers d'hommes dont ils abrégent les jours. C'est la profession la plus scabreuse, pour quelqu'un qui pense avec honneur ; c'est la moins embarrassante, pour ceux qui n'envisagent que l'impunité de leur ignorance. Un peu de terre couvre, dit-on, toutes leurs sottises. Il serait bien à souhaiter qu'on ne permît l'éxercice de la médecine qu'après des éxamens rigoureux. Malheureusement en cela, comme en tout, la faveur prévaut sur la droite raison.

Je demandais un jour à une personne en place, qui était à même de faire sentir tous les inconvéniens de cette foule de prétendus Esculapes, & de contribuer à leur réforme ; pourquoi il négligeait de faire des remontrances à cet égard, puisqu'il ne cessait de répéter qu'elles étaient nécessaires. C'est, me dit-il, parce qu'il faut regarder la médecine comme la chimie. On est forcé de tenter cent expériences avant de réussir dans celle qui peut constater la vérité d'une découverte. Dans l'une & dans l'autre de ces deux professions, le hazard fait plus que la véritable science ; ainsi par un heureux coup du fort, il peut arriver que tel & tel, quoiqu'avec fort peu de capacité, réussissent où un plus habile aurait échoué. Il y a du moins, lui répondis-je, à parier cent contre un, en faveur des malades qui tomberont entre les mains de gens expérimentés. Il en convint, mais il ajouta qu'il y en avait si peu de ces derniers à proportion des malades, que si on interdisoit les ignorans, tout le peuple crierait qu'on l'expose à mourir sans secours. Une autre raison qu'il m'aporta, c'est qu'on ne peut acquérir certaines lumiéres dans cet art que par une longue habitude, qu'il faut éxercer trente ans avant d'être ce qu'on apelle un bon Médecin, & que l'homme étant exposé à mille accidens qui le privent de la vie, il faut nécessairement permettre qu'un grand nombre de personnes s'adonnent à la médecine pour profiter de la capacité de celles qui parviennent à la vieillesse. Ce raisonnement politique me parut assez juste, & j'en conclus qu'il serait très-à-propos que le Gouvernement fondât des Ecoles publiques dans les principales Villes, en obligeant tous les vieux Médecins à donner des leçons aux jeunes, pour les inftruire des expériences qu'ils auraient faites. On pourrait accorder des émolumens confidérables à ces fortes de Profeffeurs, ou des marques de diftinction à ceux que la gloire tenterait plus que la fortune. Voilà de ces établiffemens qui ne fauraient être trop multipliés, parce que la vie des hommes en eft en partie dépendante.

Je regarderais encore comme une chofe auffi aifée qu'utile, de placer en différens endroits du Royaume, & de payer des deniers publics un certain nombre de Médecins pour les pauvres. Bien entendu qu'il faudroit les choifir honnêtes gens, déja confommés dans leur métier & en état d'opérer de la main. Ce projet mériterait peut-être quelqu'attention; il foulagerait les Hôpitaux & empêcherait la perte ou les longues maladies d'une quantité confidérable d'indigens qui ne font pas à même de fatisfaire aux frais éxorbitans des vifites de ces Meffieurs, & qui cependant ne peuvent se résoudre à aller à l'Hôpital. Il n'est pas possible d'ailleurs que ces sortes de maisons de Charité soient assez vastes & assez rentées pour contenir tous les malheureux. Ce serait, dira-t'on, de nouveaux impôts dans l'état ; mais à quoi ses tresors peuvent-ils mieux être employés qu'à la conservation de ses Citoyens ? C'est sans doute aux riches à soutenir de telles fondations. Qu'on augmente le prix des charges, puisqu'on les vend, le bien public retirera du moins quelque profit de l'orgueil des particuliers qui n'ont pour les obtenir d'autre droit que l'opulence. Je sais bien qu'il est aisé de multiplier les difficultés qui se rencontreraient pour l'éxécution de ce que je propose ; mais je n'ignore pas que ces mêmes difficultés feraient bien-tôt levées par la moindre acte de la volonté du Prince.

Qu'on réfléchisse à l'utilité des Sœurs grises, qui saignent les malades & leur dispensent des remédes dans toutes les paroisses où elles ont des maisons, on sentira tout ce qu'on pourrait espérer des soins de gens plus expérimentés que ces charitables femmes, dont le plus grand mérite est la bonne volonté.

Je ne saurais imaginer comment il est possible que le Ministére permette à des hommes qui lui sont soumis, de garder bien secrettement certaines recettes pour la guérison de différens maux qui vont à la destruction de leurs semblables. Il me semble qu'il serait de l'humanité, autant que de la justice, de révéler ces découvertes quand elles sont sûres & prouvées, sauf à payer l'industrie du particulier à qui on en est redevable. Il faut avoir l'ame bien peu généreuse, pour exposer ses Concitoyens à perdre la vie, parce qu'ils ne seront ni a portée ni à même de se pourvoir d'un reméde qui les conserverait à la Patrie. Je sais bien qu'il est juste de retirer un honnête profit de ses travaux, & que l'Etat aurait beaucoup à faire, s'il fallait qu'il se chargeât de récompenser tous ceux qui lui sont utiles. Voilà justement ce qui prouve la nécessité d'établir des Médecins, Chirurgiens des pauvres. On les rendrait dépositaires de ces sortes de recettes qu'ils fourniraient gratis aux malheureux, & qu'ils feraient payer à ceux qui feraient en état de le faire. Le produit en reviendrait à celui qui aurait révélé son secret. C'est une des raisons pourquoi j'éxigerais qu'ils fussent doués d'une grande probité.

Les nouvelles publiques viennent de nous annoncer qu'un particulier a trouvé un moyen infaillible de guérir la rage, pourvu que le mal ne soit pas trop invétéré. L'expérience de plusieurs années garantit, dit-on, l'excellence de son reméde. N'est-il pas extraordinaire qu'on ne fasse aucune attention à cette découverte ? il s'agit cependant de la maladie la plus dangereuse & la plus incurable. Mille morts terribles, dont le seul recit fait frémir d'horreur, n'ont point encore fait assez d'impression sur l'esprit de ceux qui sont revêtus d'autorité. Ils négligent de contraindre celui qui se dit propriétaire d'un secret si salutaire à le répandre assez pour que tout le monde en puisse profiter. On me dira, peut-être, qu'il suffit d'informer du nom & de la demeure de celui qui propose de guérir les enragés. C'est une erreur. Des Provinces entiéres n'en auront aucune connaissance ; & quand il serait vrai qu'il fût possible que tout le monde en fût instruit par la seule voïe de quelques papiers publics, en serait-on beaucoup plus avancé ? Telle personne qui demeurera aux extrémités du Royaume, ou qui se trouvera à deux ou trois cens lieues de la résidence de celui qui seul peut la préserver de la mort, aura-t'elle le tems de recourir au reméde ? Pourra-t'elle le recevoir avant que le mal soit devenu incurable ? C'est ordinairement dans l'espace de quarante jours qu'on voit périr les enragés : sera-t'il possible qu'on le lui fasse tenir dans cet intervalle ? Il est des pays d'où le malade ne ferait point parvenir sa demande en six semaines. D'ailleurs, si c'est un pauvre, il faudra nécessairement qu'il périsse, & sa perte peut entraîner celle de plusieurs autres Citoyens. Ces justes considérations me persuadent qu'il serait de l'équité & de la sagesse de ceux qui veillent au bien public de se convaincre, si réellement des remédes de cette nature sont

aussi

aussi efficace qu'on les annonce, pour les faire connaître dans toutes les parties du Royaume, d'où l'on pourrait aisément secourir les habitans. Ne sentira-t'on jamais le prix de l'humanité ?

Il est étonnant qu'il suffise de posséder quelques talens, ou de parvenir à persuader le public qu'on en a, pour que ce soit un droit d'affecter un air d'importance, de hauteur & de dureté, qui provoque la haine & le mépris de ceux qui seraient très-disposés à rendre hommage au mérite.

Grichard, Médecin de réputation, habile ou non, n'importe : *Grichard*, dis-je, l'air sombre, l'œil farouche, le front ridé, dérobant la moitié de son individu sous une forêt de crains postiches qu'il couronne d'un vaste feutre, va visiter un respectable Prêtre, horriblement tourmenté par les douleurs cuisantes de la pierre. Il opine pour qu'il soit taillé incessamment. On y consent, & on le remercie de ses soins, en le priant de les continuer. Le lendemain *Grichard* revient, & trouvant son malade dans cet état de perplexité, où la crainte d'une terrible opération

L.

est capable de réduire les esprits les plus forts. Comment, lui dit-il d'un ton brusque, vous hésitez aujourd'hui à souffrir qu'on vous taille, si vous n'êtes pas plus ferme, vous ne feriez donc pas martyr de votre Religion ? En disant ces mots, il sort & ne serait peut-être pas revenu, si on ne l'eût été solliciter avec les plus vives instances. Cet homme, dit-il, regimbe contre l'éguillon. Il apréhende la mort ? qu'il s'accommode. Je ne rends jamais deux fois mes ordonnances. Cet air de sévérité est d'ordinaire le propre des vieux Médecins dont la fortune est faite. Ceux qui sont dans un âge moins avancé & qui travaillent encore à la faire, prennent une route toute oposée.

Tigellus, la physionomie ouverte, la voix gracieuse, l'esprit insinuant, paré des plus superbes dentelles, sans affectation dans sa chevelure, le gros diamant au doigt, & portant un magnifique corbin, est surnommé le Médecin des Dames. Sa réputation est aussi bien établie qu'elle a été rapide. La jeune Marquise le mande, il arrive dans un joli équipage, mais pourtant modeste. Après les premiers complimens de civilité, il s'assied au côté du lit de la malade qui se plaint d'un mal de tête, d'une insomnie & d'un affadissement de cœur étonnant. *Tigellus* se leve, prend le bras de la prétendue malade avec grace, lui touche délicatement le bout de la langue avec le petit doigt, & tâte en souriant si le ventre est mollet. Cet éxamen fait, il se remet dans son fauteuil. Cela ne sera rien, dit-il, Madame, nous y mettrons ordre, votre indisposition est occasionnée par un épanchement de bile, que peut-être quelque petit chagrin à mis en mouvement. *Tigellus* n'ignore pas que l'aimable Marquise adore un Officier aux Gardes Françaises, dont le Marquis est jaloux, parce qu'il aime passionnément sa femme. Celle-ci se plaint à son Esculape des caprices de son Epoux, qui, par ses soupçons & sa méfiance, lui cause tant de chagrin qu'il lui en coûtera la vie. En achevant cette confidence, les beaux yeux de la Marquise se couvrent d'un petit nuage qui pourtant est bientôt dissipé par l'effusion de deux larmes que *Tigellus* ne voit pas sans quelqu'émotion, qu'il fait adroitement apercevoir. Après un petit mot de consolation, il égaye sa malade par le récit de l'histoire du jour. En la quittant, il ordonne quelque tisanne & un clistére, puis passant dans l'apartement de Monsieur, qu'il veut saluer, il lui insinue adroitement que la maladie de son Epouse pourrait avoir des suites, si elle continue à demeurer dans l'état de mélancolie où il l'a trouvée, & dont il ne peut attribuer la cause qu'à quelque violente agitation d'esprit qu'elle s'obstine à cacher. Il ajoute tout ce qu'il imagine propre à émouvoir le mari, en lui conseillant de voir cette épouse si chére, qui a témoigné quelque mécontentement de ce qu'il ne s'est pas trouvé présent à la visite du Médecin. Tout de bon, répond le Marquis, elle y a été sensible? Cette pauvre petite! je vais lui tenir compagnie. Le fin *Tigellus* n'en veut pas davantage, il sort à l'instant. Le mari va trouver sa femme, on s'embrasse, la paix est faite. Le lendemain quand le Médecin vient réitérera sa visite, on lui fait compliment sur sa tisanne & son clistére qui ont produit les effets les plus merveilleux. La malade est dans un état de tranquillité d'autant plus grand, que le mari persuadé de l'injustice de sa jalousie, & voulant réparer ses torts, a envoyé prier l'Officier aux Gardes à dîner. L'admirable cure! Le grand homme que *Tigellus*! Je ne m'étonne pas qu'il soit couru de toutes les femmes, & que la multitude de ses pratiques l'ait obligé de déclarer qu'il ne fera point de visites au second étage.

DE LA COUR.

LE séjour le plus dangereux est sans difficulté celui de la Cour ; tout le monde en est convaincu, & tout le monde veut s'y introduire. Je ne sais s'il est possible d'y conserver un cœur parfaitement vertueux, mais il est certain qu'il faut souvent y dissimuler l'amour de la vérité & de la justice. Il me semble qu'on peut très-raisonnablement comparer la Cour à une nombreuse assemblée de masques, où le seul visage du Maître se voit à découvert. Il n'a nul intérêt à se déguiser ; & quand il daignerait en prendre la peine, ce serait fort inutilement : trop d'yeux sont ouverts sur lui pour échaper à leur recherche. Ce ne sont pas seulement les vicieux à qui il importe de se cacher, les personnes les plus remplies de droiture y sont souvent contraintes. Ma fortune dépend de *Narcisse*. S'il me croit incapable de me taire sur sa conduite, il se gardera bien de me laisser aprocher César.

Trois espéces de gens travaillent continuellement à faire pancher la balance de leur côté, les Ministres, les femmes & les gens d'Eglise ; leur adresse, qui s'entre-détruit, sert à maintenir l'équilibre. Si quelquefois un plus fort l'emporte, c'est une source de révolution ; elles ne sont pas heureusement de longue durée. L'abus d'un trop haut dégré de bonheur raméne tout à l'ordre accoutumé.

L'ame d'un Ministre n'est presque susceptible que d'une seule impression, c'est la crainte. Les plus grands biens l'affectent peu ; il s'y attend. Les plaisirs glissent sur lui & n'y sont qu'une foible sensation ; il n'a pas le tems de les savourer. Les honneurs le touchent médiocrement ; il en est rassasié. Cependant l'apréhension de perdre tous ces avantages dont il ne goûte pas la douceur, l'occupe sans cesse. La jouissance ne lui paraît un bien que dans l'avenir. Le plus grand désagrément d'un Ministre est l'impossibilité d'avoir un ami, ou du moins de pouvoir se convaincre qu'il en a. L'envie le suit à la piste, la jalousie le caresse, la haine le flate, le menfonge l'obféde, il faut qu'il aille de lui-même au-devant de la vérité pour la rencontrer.

Il n'eſt pas au pouvoir du Monarque de rendre ſa Cour vertueuſe; mais il eſt le maître de la forcer à ſe montrer telle. Céſar hait l'injuſtice ; ſes Courtiſans affecteront de paraître juſtes. Il eſt bon ; ils feront parade de généroſité. Il eſt plein de reſpect pour les myſtéres; ils ſembleront des Anges quand ils y aſſiſteront en ſa préſence. Protége-t'il les Arts & les Lettres? ils feront autant de Mecènes. En un mot, l'extérieur du Courtiſan eſt le tableau de l'intérieur du Prince. Cette vérité fait l'éloge du nôtre. Tout aujourd'hui fait trophée de beaux ſentimens.

Jamais la Cour n'a dû être moins en butte aux traits de la ſatyre que dans le tems où j'écris. Le Souverain eſt chéri, parce qu'effectivement chacun de ſes jours eſt marqué par quelqu'action qui fait honneur à l'humanité. Ceux qui l'aprochent l'imitent ; que ce ſoit par deſir de lui plaire, ou parce qu'ils ont réellement un caractére de bonté ; il suffit au public que le bien se fasse.

Autrefois il ne s'agissait que de plaire pour faire une fortune rapide, il faut aujourd'hui se rendre utile. On fait très-bien de distinguer les talens propres à l'amusement d'avec ceux qui procurent un avantage réel.

Tant que le grave personnage *Purpuratus* a vécu, il a donné matiére à de très-justes plaintes. Depuis sa mort, on n'abuse point du plus auguste nom pour faire le malheur d'une infinité de bons sujets, que la caballe & des injustices de tout genre faisaient gémir dans l'exil. Les Ecclésiastiques sont revêtus d'une autorité si illimitée, quant au spirituel, qu'ils s'accoutument aisément à traiter le temporel avec le même despotisme. Leur ministére est à craindre. Aujourd'hui toutes les opérations de la Cour sont dirigées avec un esprit de paix & de douceur qui font chérir le Gouvernement.

Eurimon jouirait peut-être encore de son poste, & serait en faveur, si la dureté de son administration n'avait été incompatible avec la bonté de son

Maître. Il est certain qu'il se laissait aisément prévenir, qu'il ne revenait jamais de son premier sentiment, & que sans égard à la fragilité & à la faiblesse de l'homme, il était d'une sévérité outrée. Trop ami des grands, il regardoit les petits & les infortunés comme des êtres destinés à prouver le malheur de la condition humaine. Il aurait dû, au contraire, se persuader qu'il était fait pour corriger la maligne influence de leur étoile.

Alcidor son neveu, plus populaire, aussi éclairé, & non moins actif, aurait sans doute été d'une grande utilité à l'Etat, s'il eût conservé plus long-tems la place qu'il occupait. Il aime les beaux Arts & protégeait les gens de Lettres. Il a préféré la vie privée au tumulte de la Cour ; en cela il a travaillé pour lui-même.

Puisque mon dessein en écrivant est d'aprendre à la postérité quel est l'esprit de notre siécle, afin que cette connoissance puisse lui servir à imiter nos vertus ou à éviter nos défauts ; je ne finirai point l'article de la Cour sans parler d'un événement qui intéresse l'honneur des Français, qui a mis tout le Royaume en deuil, & dont le seul souvenir lui arrache encore des larmes.

On trouve souvent des gens assez injustes pour décider du génie d'une nation par certains événemens qui lui sont tout à fait étrangers. Notre Monarque est tellement digne de notre amour, que nous l'avons unanimement surnommé *le Bien-aimé*. J'ai dit que son caractére dominant était la douceur & la bonté. Comment donc a-t'il pû être exposé au plus exécrable de tous les attentats au milieu de ses sujets? Sont-ils des monstres? Pour juger d'un peuple par des catastrophes si horribles, il faut que le complot qui s'en est formé soit l'ouvrage d'un nombre considérable de personnes toutes du même pays, & parmi lesquelles il s'en trouve de tout état & de toute condition. Il faut que la trame en soit ourdie avec réfléxion, & le dénouement ménagé avec l'art, les précautions & le secret qui démontrent des esprits systématiques. Graces au Ciel, rien de tout cela n'a précédé ni accompagné l'infâme parricide du fcélérat dont je tairai le nom, à raifon de l'horreur qu'il infpire.

J'ai rencontré une multitude prodigieufe de Français qui fe donnaient la torture pour deviner les premiers moteurs de cette entreprife diabolique. Je n'ai point été furpris qu'avant le fuplice du monftre qui l'a exécuté, chacun ait fait des conjectures relatives aux affaires du tems, à fes propres lumiéres & aux foupçons généraux ; mais depuis le procès fait & parfait, peut.il y avoir aucun doute à cet égard ? Cette affaire a été inftruite avec tout le zèle & l'attention du premier Parlement de France. Les Princes, les Pairs du Royaume affemblés ont été témoins des dépofitions du criminel. On a recherché fa vie, de maniére qu'on a fu jour par jour toutes fes actions. Perfonne n'a été impliqué dans ce parricide, puifqu'aucune peine de mort ni même de prifon n'a été infligée à qui que ce foit, grand ou petit. Toute la France avait les yeux trop ouverts pour qu'on pût lui rien cacher dans cette conjoncture. L'infâme assassin est mort publiquement, après avoir essuyé toutes les questions les plus cruelles. Soupçonnera-t'on que par considération pour ses complices, il ait voulu les taire ? Pouvait-il tenir à quelque chose de l'univers dans la situation où il était ? Il serait encore dans les cachots, s'il eût resté le moindre doute sur les circonstances de son attentat, & il aurait accusé la terre & les enfers, afin de se soustraire à la moindre partie des tourmens qu'on lui a fait subir pour avoir révélation de ses prétendus complices.

En supposant qu'il ait été instigué & payé pour consommer son abominable forfait, pourrions-nous l'ignorer ? Tant de Juges auraient-ils gardé un secret si inviolable que rien ne leur fût échapé ? L'indiscrétion d'un seul aurait rendu cette affaire publique. Chacun de ceux qui ont reçu ses dépositions, ou qui ont été présens lorsqu'il a paru devant un si grand nombre de Magistrats, de Ducs & de Princes ; chacun, dis-je, de ces Seigneurs a ses amis particuliers, une femme ou une maîtresse ; cependant rien n'a transpiré d'un événement qui intéraissait si fort la curiosité. La crainte, dira-t'on, a fermé la bouche de ceux qui auraient pû parler. Quel intérêt peut-il donc obliger à des ménagemens de cette nature ? Est-ce la qualité des criminels ? En peut-il être d'assez éminente pour engager à pallier de si odieux forfaits ? Est-ce le nombre des coupables ? Il faudrait qu'il fût bien considérable pour qu'il ne dût pas succomber sous les efforts de tout un peuple qui adore son Maître. Ces scélérats seraient-ils d'ailleurs tous dans le cas de faire craindre les plus terribles révolutions, en leur décernant la peine qu'ils auraient méritée ? N'aurions-nous pas aperçu quelque changement dans l'Etat ? L'esprit humain peut-il imaginer quelqu'espéce de motif qui pût déterminer un Monarque puissant & chéri, à laisser des conjurés dans une paix profonde. Le Roi de Portugal a puni les plus grands Seigneurs de son Royaume. La mort des Ducs d'Aveiro & d'Antigoa, celle des Marquis de Tavora, dont la famille était si illustre & si puissante, l'emprisonnement d'une foule de sujets de toute condition, l'ignominie répandue sur une société redoutable, tous ces justes châtimens n'ont point altéré l'amour & la fidélité des Portugais vertueux, ni excité les murmures du peuple. Si du tems de Ravaillac on a paru garder le silence sur les premiers auteurs de son crime, ils n'en ont pas moins été connus. On se le disait en se recommandant mutuellement le secret ; & des Ecrivains, même contemporains, ont été assez hardis pour confirmer des soupçons qu'aucun acte autentique n'avait dû autoriser. On n'a rien vu de semblable ni d'aprochant depuis l'attentat commis en 1757. Tout le monde convient qu'on ne peut former la moindre conjecture en éxaminant la maniére dont on s'est comporté avec le criminel qui a paru plusieurs fois devant tant de personnes toutes empressées à lui arracher un secret important, & néanmoins on se refuse à l'évidence de la vérité pour s'entretenir d'idées chimériques. Je sais qu'il est difficile d'imaginer qu'on se livre à cet excès de fureur & de scélératesse, sans avoir été aveuglé par l'espoir du gain. Il faut que l'avarice ou le fanatisme ferme les yeux sur l'inévitable & terrible punition qui suivra le crime. Toutefois on a des exemples qui démontrent qu'il n'est pas impossible qu'un homme se porte aux extrêmités les plus surprenantes, sans autre cause que celle d'un accès de folie. Celui qui pour faire parler de lui mit le feu au temple d'Ephèse, une des sept merveilles du monde ; cet autre qui de propos délibéré se précipita dans un volcan, parce qu'il ne pouvait comprendre la nature de ce Phénoméne, & qui laissa sa chaussure sur le bord du gouffre pour qu'on n'ignorât pas ce qu'il était devenu, en sont des preuves. Soit folie, soit force de destinée, je conçois très-aisément qu'il peut se rencontrer un homme qui n'ayant rien à perdre, ennuyé de sa malheureuse éxistence, sans principes d'honneur, accoutumé aux crimes dont il fait métier pour vivre, échauffé d'ailleurs par les propos des mécontens : je conçois, dis-je, qu'un scélérat de cette nature peut se laisser aller à un tel excès de désespoir, qu'il ose tout.

La

La seule idée d'être l'auteur d'un si grand coup d'éclat, l'espoir de profiter des troubles pour changer de fortune ; quelquefois même une espèce de satisfaction intérieure à devenir le vengeur d'une querelle qu'on regarde commune à raison des discours de certains sujets peu zèlés. En voilà plus qu'il n'en faut pour déterminer un enragé. C'est précisément ce que nous avons eu le malheur d'éprouver dans le funeste événement qui nous a coûté autant de gémissemens qu'il a fait éclore de propos sans vraisemblance. Le traître qu'on a si justement condamné aux suplices les plus étonnans, était un homme du néant, habitué au larcin, puisqu'on lui trouva encore une partie de l'argent qu'il avait volé peu de tems avant de mettre le comble à ses crimes, à raison de quoi un Inspecteur de Police avait envoyé son signalement à différentes Maréchaussées. Il a déclaré dans toutes ses interrogatoires que le hazard l'avait rendu témoin de plusieurs discours peu mesurés de la part de quelques esprits turbulens dans le tems des derniéres contestations. Son cerveau s'est échauffé ; il s'est fait en lui une fermentation de desespoir, produite par la miséré, par la crainte des châtimens que ses vols méritaient, & par des discours séditieux. Au milieu des accès d'un délire furibond, l'affreuse idée d'attenter aux jours du Souverain s'est presentée à lui. Il l'a saisie. Agité de plus en plus par les mouvemens contradictoires que son ame éprouvait, en réfléchissant à un projet de cette nature, son esprit s'est tout-à-fait égaré. Il a enfin consommé son crime, tel qu'un enragé qui se précipite sur le premier venu pour le déchirer.

Je suis persuadé que la plus grande partie de mes Lecteurs trouvera beaucoup de probabilité dans ces raisonnemens. A en bien peser toutes les circonstances, il y a pour ainsi dire matiére à conviction ; cependant je ne doute pas qu'un grand nombre d'entr'eux ne s'obstine encore à soutenir, qu'un tel malheur doit avoir eu une cause toute différente ; voilà l'esprit de l'homme. On veut toujours rencontrer du prodigieux dans ce qui regarde les

Princes. On ne leur permet pas de terminer leur carriére de mort naturelle. Si l'on en croit la voix populaire, le poifon eft ordinairement la Parque qui tranche leur deftinée. Pour moi je ferais bien mortifié de ne pouvoir m'arrêter à la vérité dont je cherche à convaincre tout le monde, au fujet d'un attentat fi honteux pour le pays où il fe commet. Il faut être bien peu jaloux de la gloire de fa patrie, & bien peu prévenu en fa faveur, pour fupofer, contre toute vraifemblance, qu'elle a donné le jour à plufieurs monftres de la nature de celui dont nous parlons. Si ce malheur était réel, nous n'aurions rien de plus important que de le cacher. Il eft chimérique, & nous fommes affez infenfés & affez peu délicats pour autorifer nos ennemis & la poftérité à nous faire un reproche fi humiliant.

Revenons au Tableau du fiécle; cet événement y eft fi peu analogue, que fi j'en ai fait mention, c'eft uniquement pour prouver qu'il nous eft abfolument étranger. Nos larmes fi abondamment verfées jufqu'au moment qu'on nous a répondu de la conservation de notre Maître ; depuis cet heureux instant, nos transports d'allégresse, nos largesses prodiguées aux pauvres, les témoignages de reconnoissance dont nous avons rempli nos temples, font un monument éternel de notre amour & de notre fidélité pour nos Princes légitimes.

DE LA VILLE.

LA Ville est, dit-on, le singe de la Cour. A dire vrai, on ne peut guéres adresser ce reproche qu'à la capitale; aussi est-ce d'elle seule que je prétens parler. La proximité de Versailles & le séjour que les premiers Seigneurs du Royaume font à Paris, y entretiennent une espéce de rivalité avec la Cour. Les femmes y sont aussi ambitieuses, plus coquettes & moins aimables. Les hommes aussi polis, plus vains & moins sensés.

Amarinte affecte d'aller souvent chez le Ministre; elle demande des entretiens particuliers : on la voit passer dans un cabinet un papier à la main; elle en sort avec un air afféré dont elle voudrait bien que tout le monde s'aperçût. Rentrée chez elle, l'ordre est donné au Suisse de ne la déclarer visible qu'à tous les gens à cabriolets de vernis de Martin, ou aux équipages armoiriés & chargés de grande livrée. Trouve-t'on *Amarinte* seule, elle demande mille pardons de ce qu'elle a fait attendre un moment. Comment suffire à une foule de lettres dont les bureaux l'accablent ? On voit sur sa cheminée une douzaine d'épîtres tournés du côté du cachet : on y reconnaît les armes des plus grands Seigneurs. Vous devez être obsédée d'affaires, Madame, lui dit un honnête homme, avec la meilleure foi du monde. Ha, Monsieur, je n'y puis suffire ; je crois que toute la Cour s'est donnée le mot pour éprouver ma patience. Voilà des lettres d'une longueur qui ne finit point. Il est vrai que les objets qu'elles renferment sont de la derniére conséquence. Un frere d'*Araminte*, Capitaine de Dragons, arrive sur ces entrefaites, il prend une de ces lettres pour donner des dragées à un petit enfant. Prenez garde, lui dit l'étranger, vous allez égarer des papiers très-importans. Bon, lui répond le Capitaine, ce sont des réponses de bonne année.

Bélise, s'est brouillée avec son mari pendant un mois pour un sujet très-considérable. Elle l'a obligé enfin par traité de paix à changer tout un ameublement. Elle ne veut plus souffrir qu'un fauteuil dans sa chambre, on n'y trouve que des chaises; si elle osait, il n'y aurait que des tabourets.

La véritable grandeur réside à la Cour. La fatuité préside à la Ville. Si la sagesse & la prudence réglent à Versailles les destins de l'Etat, la frivolité & l'ignorance en parlent à Paris.

Le Marquis de *Beaubois* se plaint qu'une foule de jeunes gens sont toujours à minauder autour de sa femme, qui les reçoit avec un air précieux après sept heures de toilette. Que vous avez mauvaise grace, lui dit son épouse, de trouver à redire à cette conduite! Que diriez-vous donc, si comme la Duchesse de **** je les souffrais tandis qu'on me coëffe, & que le Marquis, le Comte & le Chevalier me missent, comme à elle, mon blanc, mon rouge & mes mouches? Le mari se tait; il a bien fait; car pour renchérir sur l'esprit de galanterie, sa coquette aurait bien pû souffrir qu'un Mousquetaire lui mît sa chemise.

Ce qu'on apelle les hommes du jour, les jolis hommes, n'y sont pas moins ridicules que les femmes. Pour vouloir copier les Courtisans, ils étudient devant un miroir leurs gestes, leur entretien & leurs démarches. Contrefaits & affectés jusques dans le langage, ces espéces de marionnettes seraient très-propres à réjouir les Grands qu'ils veulent imiter.

Le beau *Damon* pour mieux ressembler aux gens de Cour, a pris pour dix-sept mille écus d'habits à crédit. Son équipage est un des plus lestes & des plus brillans de Paris. Il sait s'y précipiter comme un foudre. Tous les matins il court en extravagant les rues de Paris dans un cabriolet. Le soir, musqué & paré comme une nouvelle mariée, il se pavane en deux heures de tems sur tous les théâtres de Paris. Avant de paraître sur la scène, il se mord les lévres, y passe legérement une goutte d'ambre ou de quelqu'autre parfum, puis saluant à droit & à gauche toutes les personnes de nom & d'importance, il croit en imposer assez au public pour être mis dans la classe

classe de ceux qu'il parodie. Je lui passerais volontiers toutes ces extravagances & ces traits de fatuité si usités à la Ville, mais je ne lui pardonne pas d'avoir deshonoré une femme respectable qui avait été assez infortunée pour se laisser séduire & qui l'aimoit sincérement. Ces gentillesses n'ont rien de commun avec l'air & les façons des Grands.

Il n'y a pas jusqu'à la bourgeoisie qui s'astraint au cérémonial de la Cour, & qui emprunte un air d'importance tout à fait risible. *Argante* a gagné un bien fort honnête, il vit dans une douce aisance, & serait vraiment heureux, si sa vanité ne se trouvait de tems en tems mortifiée lorsqu'il oublie la gradation des différens états. A la mort de sa sœur, il a fait prendre le deuil à ses chevaux. Quelques mauvaises plaisanteries l'ont obligé à ne se plus promener dans un carrosse drapé. *Argante*, s'est tenu prisonnier dans ses apartemens, jusqu'à ce que le tems du grand deuil a été expiré. Il a reparu dans un équipage plus modeste. Malheureusement pour lui il y avoit fait peindre des armes qu'il s'est ajugées. Elles se sont trouvées conformes à celles d'un Magistrat de nom qui a obligé *Argante* à se contenter d'un chiffre.

Il suffit d'aprocher de la Cour pour faire fortune à la Ville. Médecins, Chirurgiens, Artistes, Ouvriers deviennent à la mode dès qu'ils peuvent obtenir la permission de se dire attachés à la Cour.

La Duchesse de * * * se trouve pressée par les douleurs de l'enfantement. Elle était en voyage. On est forcé de s'arrêter dans un Bourg. On cherche du secours & on n'en trouve que dans la personne de Maître Guillaume, Chirurgien, soit disant. Il est assez heureux pour que l'enfant vienne à bien, & sans faire souffrir la mere. Maître Guillaume, avoit jusqu'ici passé pour très-expert dans toutes les maladies des chevaux ; & la femme du Procureur Fiscal se serait bien gardée de se laisser saigner par un homme qui maniait mieux une flamme qu'une lancette. Toutefois le voilà devenu Accoucheur de Madame la Duchesse. Il demande la permission de se déclarer tel, par un tableau qu'il veut faire mettre au-dessus de sa porte.

On la lui accorde. Il va trouver un peintre & lui dit, qu'en vertu de ce qu'il a accouché Madame la Duchesse de * * * on lui a permis de prendre une enseigne avec ces mots : *Guillaume, Accoucheur de Monseigneur le Duc de * * *.* Le peintre goguenard satisfait à la lettre les desirs de Maître Guillaume, qui, tout fier de cette inscription, l'arbore pompeusement devant son logis. On eut toutes les peines du monde à persuader à notre Accoucheur qu'il faisait une balourdise. Enfin sur la foi du Curé, il rectifia son enseigne. Croirait-on qu'en huit ans Maître Guillaume a fait une fortune fort au-delà de ce qu'aurait pu espérer un homme de mérite ?

Il n'y a point de peuple plus susceptible du préjugé que le Parisien. Tout ce qui a quelque raport avec la Cour est tellement sacré pour lui, qu'il ne se permet pas même l'éxamen à cet égard. C'est une suite de sa legereté. Il est d'ailleurs si enclin aux niaiseries & à la bagatelle, qu'on épuise sa bourse avec les moindres choses. Il s'est débité pour cinquante mille écus de pantins en trois semaines, soit au Palais, soit à la foire faint Germain. Peut-on rien de plus extravagant que de payer jufqu'à dix louis d'or, quelques petits morceaux de carton attachés les uns aux autres qu'on fait remuer par le moyen d'un fil ?

Paris eft la Ville du monde où il fe fait le plus de bien, & où en même-tems il fe commet le plus de mal. Le Parifien eft bon, fort intelligent, & capable d'acquérir les plus hautes connoiffances; mais il faut qu'il voyage. Rien n'eft pour l'ordinaire plus borné que lui, quand il n'a pas abandonné pour quelque-tems fes Dieux Pénates. La raifon de cette efpéce de ftupidité ne doit point être attribuée au climat ni à l'air lourd & pefant qu'on refpire dans l'intérieur de la Ville. C'eft uniquement à la longueur du tems qu'on laiffe les enfans entre les mains des gouvernantes. On ne fauroit fe perfuader combien cette conduite eft contraire à la bonne éducation, à l'ouverture de l'efprit, & à cette élévation d'ame qui eft toujours l'ouvrage d'un Précepteur favant, poli & vertueux.

La maniére d'en impofer au Parifien,

est de faire une grosse dépense. Il se prévient tellement à cet égard, qu'il suffit de se mettre hors d'état de faire honneur à son crédit, pour l'augmenter à l'infini. Il est assez Religieux, plein de générosité; mais en même-tems peu capable de garder un secret, curieux & rempli de vanité. Il met les Courtisans au niveau des Dieux, & les Provinciaux fort au-dessous des hommes.

DE LA PROVINCE.

La Province regarde à peu près Paris du même œil que cette Capitale envisage la Cour. Tout ce qui passe de Paris en Province est divin & miraculeux. La prévention est si forte sur cet article, qu'il suffit à une Provinciale d'avoir demeuré trois mois au Fauxbourg saint Germain pour devenir l'oracle de son Pays. Ce qu'il y a de fort singulier, c'est que non-seulement on l'envisage comme un petit prodige, mais c'est qu'elle se persuade être telle.

Je ne prétens pas que tous les Provinciaux soient assez peu éclairés pour donner dans ce préjugé ridicule. Je parle du général sans faire tort au particulier.

Il est surprenant que la Province ne sache pas s'aprécier. Proportion gardée, on y rencontre beaucoup plus de génie qu'à Paris. On y est plus inventeur. Chacun s'y sert de modèle; à Paris l'on ne fait que s'imiter les uns les autres.

Le séjour de la Capitale est presque toujours nuisible aux personnes qui sont obligées de revenir dans la Province. Elles y raportent un dégoût & un mépris pour tout ce qui n'est pas relatif aux usages de Paris, qui les rendent insuportables à la société.

Cephise élevée dans le Château de ses peres, faisait l'ornement de la Contrée. Aimable autant que spirituelle, chacun vantait son mérite. Elle attirait toute la Noblesse de son pays, qui s'empressait à lui rendre les hommages dûs à la beauté, à la naissance & à la vertu. Si chacun goûtait une véritable satisfaction à se trouver à sa compagnie, elle avait elle-même assez d'esprit pour mettre tout le monde dans une honnête aisance en s'amusant de tout. A dix-neuf ans son pere la marie, il est riche, & sa fille étant le parti le plus considérable de sa Province, il la donne à un homme de nom & fort opulent, mais qui accoutumé à la prééminence dont il jouit parmi les siens, n'est point du tout d'humeur à se confondre dans le chaos de la Capitale. Cependant il prend fantaisie à sa jeune épouse d'y aller, elle le presse avec instance. Il n'a pas la force de lui refuser. Ils partent donc aux aproches de l'hyver qu'ils y passent dans les plaisirs. Au retour du printems ils reviennent dans leurs terres. *Cephise* trouve en entrant au Château plusieurs Gentilshommes, qui, instruits de son arrivée, se sont empressés à venir lui rendre des devoirs, dont on la croit toujours digne. Elle les salue avec un air d'importance qui les fait bien-tôt repentir de leur démarche. Elle n'ouvre la bouche que pour les plaisanter, tantôt sur leur maintien, & tantôt sur leurs ajustemens. Les Dames viennent lui rendre visite, elle affecte un soûris malin en leur faisant voir un coffre plein de pompons & d'aigrettes. Ce sont, dit-elle impertinemment, de ces colifichets dont une femme de condition ne peut se passer sans avoir l'air d'une Provinciale, & à vous dire vrai, je ne vois rien de plus maussade. Bien-tôt la métamorphose de *Cephise* se répand dans le pays. D'anciens amis plein d'estime pour sa famille & pour son époux, defirent la rapeler à elle-même. Ils la prient à de petites fêtes qu'elle reçoit avec dédain. Tous les repas où elle se trouve font, dit-elle, si mal ordonnés, & les mets si communs, qu'elle fort de table avec plus d'apetit que lorsqu'elle s'y met. Enfin elle pousse la fottise au point, qu'elle oblige fon mari trop complaifant à renvoyer tous ses anciens serviteurs. Il voudrait au moins conserver un Valet-de Chambre qui l'a élevé, qui a apartenu à fon pere, & qui est au service de cette maifon depuis trente-trois ans. Elle s'y opofe, parce qu'il n'a pas été du voyage de Paris, & qu'il a les maniéres rustiques. On fait donc maifon neuve, on prend des Domestiques de Paris. *Cephife* est cruellement punie de fa ridicule vanité. Celui même qui remplace cet honnête & ancien Valet-de-Chambre dont j'ai parlé, force la ferrure de fon cabinet de toilette, vole un petit coffre qui renferme tous fes diamans, une magnifique montre d'or, & prefque toutes fes dentelles. Il joint à ce larcin celui de quinze couverts & d'une tabatiére d'or de fon maître, à qui il emmene son meilleur cheval sur lequel il s'évade. Une des Dames que *Céphise* avait le plus molestée, vient lui faire compliment de condoléance, dès que cette nouvelle lui est parvenue. Voilà qui est bien malheureux, lui dit cette bonne consolatrice, vous avez donc perdu tous vos bijoux. Cet événement est d'autant plus triste, que *ce sont de ces colifichets dont une femme de condition ne peut se passer, sans avoir l'air d'une Provinciale; & à vous dire vrai, je ne vois rien de plus maussade.* Céphise a bien senti la pointe de l'Epigramme, elle en est d'autant plus piquée, que son mari qui pense assez bien, pour ne lui faire aucun reproche sur ce qu'elle a occasionné, n'est pourtant pas disposé à réparer la perte des bijoux. *Céphise* gagnerait beaucoup si cette privation la pouvait ramener à sa première façon de penser & d'agir. Je le souhaite, car j'ai été pénétré de respect pour elle, plus que pour aucune femme du monde, avant qu'elle eût été à Paris.

Je ne disconviens pas qu'il ne doive y avoir une très-forte prévention en faveur des Artistes ou des Ouvriers qui viennent de Paris en Province, fur-tout lorfqu'ils y aportent un nom connu ; mais il eft inconteftable que le préjugé eft fi grand à cet égard, que les Provinciaux en font très-fouvent les dupes. Au refte je ne blâme point ceux qui favent tirer parti de la bonne opinion qu'ils infpirent. Il eft permis à tout le monde de profiter de fa réputation. Qu'un Chanteur de l'Opéra de Paris vienne en Province, qu'il faffe courir au Concert toute une Ville, qu'en conféquence il fe faffe bien payer, rien n'eft plus jufte. Il demandera, s'il veut cent louis d'or pour chanter deux Actes d'Opéra. On lui en donnera cinquante, il ne fait tort à perfonne, les volontés font libres. Il revient à Paris, il y éxalte la générofité des Provinciaux. Ses Camarades, dit-on, le plaifantent fur fon adreffe à mettre les gens à contribution. Ma foi je crois que les rieurs doivent être de fon côté. Ce ferait une chofe criante qu'un homme abufât de la fimplicité d'autrui dans la vente des denrées néceffaires à la vie ; mais à l'égard des talens de pur agrément, comme ils n'ont d'autre valeur que celle de la fantaisie : il est très-permis, à celui qui les posséde de les taxer suivant son bon plaisir.

Je ne suis point étonné que les gens d'esprit se rassemblent ordinairement à Paris, indépendamment des ressources qu'ils y trouvent, ils jouissent chez les grands des prérogatives dues au mérite. En Province ils sont en butte à l'envie, leur supériorité est à charge : on est trop exposé au parallele. Rarement on voit un homme d'esprit fêté en Province, s'il y fixe son séjour. A la réserve de quelques amateurs des beaux arts, tout le reste le regarde comme le censeur de la société, tandis qu'on ne l'y devrait envisager que comme un ornement utile & nécessaire. Funeste effet de la vanité & d'un orgueil mal entendu.

Une jolie femme jouit paisiblement de son triomphe dans la Capitale, parce qu'elle n'est pas seule à le mériter. En Province elle est l'histoire du jour, & rarement ce qu'on en dit est-il à son avantage. Les femmes n'aiment point une comparaison trop disproportionnée & toujours presente. La rivalité d'apa-

est chez elles une affaire capitale. Malheur à celle qui obtient la pomme. Tous les yeux font ouverts sur sa conduite, & toutes les langues prêtes à la déchirer. *Venenum aspidum sub labis eorum.*

La Province fait tous ses efforts pour entretenir l'idée peu avantageuse que la Cour & la Ville en ont. Semblable à une mere dénaturée qui méconnaît ses propres enfans pour adopter ceux d'autrui, elle fait passer la plûpart de ses productions à Paris, d'où ensuite elle les fait revenir, pour les débiter sous le nom de cette Capitale. Comment prétendre qu'on lui rende la justice qui lui est due, lorsqu'elle refuse de reconnaître qu'on la lui doit?

De la Vénalité des Charges.

La Vénalité des Charges est sans difficulté la chose la plus humiliante pour la nation, & la plus préjudiciable au bien public qu'on puisse imaginer. Elle est humiliante en ce qu'elle prouve évidemment qu'on n'estime pas assez le vrai mérite pour lui accorder gratuitement les distinctions dont il est digne, ou qu'on le regarde comme étant si rare, qu'on est forcé de dispenser à l'opulence le prix de la vertu. Elle est préjudiciable en ce qu'elle anéantit l'émulation parmi les Concitoyens, qui, par les plus nobles & les plus généreux efforts, travailleraient à mériter une prééminence qui serait toujours le fruit des services rendus à la Patrie. Elle est encore préjudiciable en ce qu'il arrive presque toujours que ceux qui sont redevables de leurs dignités à leur bourse, sont aussi déplacés dans l'éxercice de leurs fonctions, qu'ils étaient peu faits pour y prétendre.

C'est, me dira-t'on, une nécessité,

L'Etat est obéré, & c'est un des moyens les plus efficaces de remplir les coffres du Roi. Je réponds à cela qu'il faut bien se garder d'aporter à certains maux des remédes qui sont plus dangereux que le mal même. L'Etat est pauvre : il est des expédiens très-propres à exciter l'industrie des peuples dont le souverain peut très-aisément tirer parti. Celui de vendre les charges n'en richit point le Prince, & apauvrit au contraire ses Sujets. Il n'enrichit point le Prince, en ce qu'on ne doit regarder ses tresors réellement augmentés que quand le Commerce de son peuple attire les espéces étrangéres dans son Royaume ; il apauvrit ses Sujets, en ce qu'on les vexe impitoyablement dans l'administration de toutes les affaires. La raison de cela est naturelle. Un homme qui achete une charge deux ou trois cens mille francs, ne peut ni ne veut l'éxercer de la maniére qu'il ferait s'il l'avait eue gratis. De là naissent tant d'abus qui rendent presque toujours l'innocence & la justice victimes de l'avarice & de la cupidité.

Si l'on ne vendait que les Charges purement honoraires, le mal ne serait pas grand. *Chrisalde* a ramassé des sommes immenses, il est assez dupe pour acheter bien chérement le privilége de se dire noble, il veut enfin être Secrétaire du Roi. Quoique ce soit en quelque façon dégrader la noblesse que de l'exposer en vente, néanmoins l'idée que l'on a de cette espéce de Roturiers ennoblis étant proportionnée à sa valeur, il n'y a pas lieu de craindre qu'elle puisse porter un préjudice considérable aux véritables Gentilshommes. Il est encore vrai de dire que *Chrisalde* n'a accumulé tous les biens qu'il posséde que par son propre travail. Il a donc été utile à l'Etat, puisqu'il n'a pas été un membre oisif dans la société. Qu'il jouisse du salaire de ses peines dans la possession de son nouveau titre. S'il doit se reprocher quelques injustices dans l'acquisition de ses richesses, sa qualité moderne n'est pas assez éminente pour qu'on regarde comme un inconvénient qu'un tel personnage en soit revêtu. Le grand & véritable mal, c'est de vendre des

Charges

Charges qui ajugent à leur acquereur le droit de prononcer sur la vie & la fortune des Citoyens : c'est de placer sur le trône de Thémis de jeunes Sénateurs, qui joignent souvent à un défaut de capacité, une dépravation de mœurs qui deshonore la place qu'ils ont osé prendre. De là naît la facilité de corrompre une grande partie de ces hommes qui donnent dans les vices les plus grossiers, eux qui devraient être à l'abri des foiblesses humaines.

Tiberius, fils du plus insinuant de tous les humains, & qui avait séduit la Cour & la Ville par un maintien doucereux & des paroles toutes de miel ; *Tiberius*, dis-je, ne voulant point embrasser la profession de son pere, pour laquelle il se sentait une répugnance invincible, lui déclare, qu'à l'exception de ce seul état, il peut ordonner de sa destinée, & qu'il se sent propre à tout. Le pere, homme très-opulent, sans faire attention à la legéreté de ce fils, à son peu de lumiéres, à son inclination au libertinage, le fait asseoir sur les lis à l'aide de ses ducats. Le premier jour que *Tiberius* prend séance parmi les arbitres des loix, il rencontre un jeune Officier, qui l'apercevant en grande robe, dans un équipage leste & tel qu'un petit-maître affecte d'en avoir, fait signe au cocher d'arrêter, & s'élançant à travers la portiére : Morbleu, mon ami, lui dit-il, tu es si bien déguisé, que sans ton carrosse, je ne t'aurais jamais reconnu. Ah! ah! répond notre Magistrat, tu plaisantes, mais tu ne sais pas tous les avantages de cette robe. Je t'en dirai des nouvelles à la premiére occasion. Effectivement il eut bien-tôt lieu de lui en donner. Il ne se passa pas un mois qu'une personne très-aimable vint le solliciter pour un procès. *Tiberius* la trouve jolie, il veut lui en conter. Il lui recommande de le venir voir souvent, parce qu'il s'informera exactement de tout ce qui pourra regarder cette affaire. La Demoiselle obéit. Après un assez grand nombre de visites il prétend pousser à bout l'avanture; on résiste par modestie en aparence, mais fonciérement par une raison qui n'avait rien de relatif avec la modestie. *Tiberius* animé se résout à passer outre. *Vous allez vous perdre*, lui dit-on, *Monsieur, je suis de bonne foi, & je serais au desespoir de tromper un homme comme vous. Je suis la victime des débauches du jeune Duc de.* ***** *N'importe*, répond notre Magistrat, *j'en ai bien vu d'autres*. Une bravoure si déterminée ne saurait éprouver une longue défense ; il triompha, mais ce ne fut pas sans acheter bien chérement la honte d'une pareille victoire. On croira peut-être que le dépit & la vengeance déterminérent *Tiberius* à desservir la Solliciteuse. Point du tout : Un Magistrat peut-il être susceptible de ces passions ? Toujours juste, il fut obligé de convenir qu'il était seul & unique auteur de son desastre. Conséquemment il marque plus d'empressement que jamais à obliger sa bienfaitrice ; il fait tant enfin auprès du Raporteur, qu'en fort peu de tems le procès se gagne avec dépens, dommages & intérêts. Admirez, s'il vous plaît, jusqu'où va l'amour de l'équité dans les gens de Justice ; il ne crut pas devoir se ressentir seul des gratifications de la partie gagnante. Il insinua adroitement au Raporteur que cette aimable Demoiselle n'était pas absolument farouche. Celui-ci qui la trouvait effectivement pleine d'attraits, la reçut avec une bienveillance singuliére lorsqu'elle vint lui faire ses remercimens. De mauvais plaisans ont voulu persuader que *Tiberius* avait engagé ladite Demoiselle à provoquer son Raporteur pour le rendre participant de sa bonne fortune; mais elle m'a assuré elle-même que c'était une pure calomnie, & qu'il avait trop bonne opinion d'elle pour se persuader qu'il eût pû réussir à la résoudre à un si indigne procédé. Il est certain que l'intention de notre jeune Conseiller était d'associer à sa situation présente le Raporteur; mais il se contenta de lui vanter les charmes de la Demoiselle, & de faire l'office du tentateur auprès de lui. Il y réussit à merveille. Le bon Raporteur, entousiasmé de toutes les perfections de sa plaideuse, après lui avoir fait une assez longue description de toutes les peines qu'il avait prises pour lui obtenir gain de cause, se mit en devoir d'en recueillir le salaire. Celle-ci se trouva dans un moment de tendresse qui lui fit oublier ce qu'elle devait *à la bonne foi*. Elle n'avait d'ailleurs plus rien à craindre du ressentiment de son Juge, l'affaire était terminée. Elle céda au doux penchant qui l'entraînait, & paya grassement les épines. Au bout de quelques jours le Raporteur se plaignit d'un gros rhume qui le mettait dans l'impossibilité de recevoir aucune visite. *Tiberius* poussa la plaisanterie jusqu'à lui envoyer par un Valet-de-Chambre un flacon de tisanne sudorifique. Voilà la conduite de quelques-uns des organes de la Justice, & des arbitres de nos vies & de nos fortunes. Confierait-on des dépôts aussi sacrés à de telles gens, si les Charges étaient le prix de la vertu ? N'est-ce pas une chose criante, que malgré l'excessive indulgence dont on use aujourd'hui à l'égard de tous ces jeunes Robins, à qui la fortune ouvre les portes du Sénat, ce même Sénat soit forcé de tems en tems de les retrancher de son corps, en les obligeant à se démettre de leurs Charges ? Ces éxemples tous fréquens qu'ils sont, ne le sont pas encore autant qu'ils devraient l'être. N'ai-je pas vu un de ces Juges donner publiquement des preuves d'impiété, en se mettant en robe de chambre sur un balcon pour se divertir à jetter ses papillottes sur une foule de peuple prosterné au passage de la plus auguste procession des Catholiques ? Je l'excusai, il n'avoit que vingt-six ans ; mais je plaignais le sort de ceux qui pourraient avoir affaire à lui.

Ne sait-on pas la singuliére avanture d'*Ignorantius*, Juge de N*****, à qui l'on mande de revenir promptement de sa campagne *pour le suicide le plus extraordinaire & dont il importe le plus de pénétrer les motifs ?* Il reçoit cette lettre qu'il relit quatre fois, & enfin il renvoïe le Cavalier de la Maréchaussée qui la lui avait aportée avec cette réponse. Je la rends mot à mot telle qu'elle est. *Mes vendanges ne sont point encore faites ; je ne pourrai quitter d'ici que quand elles seront* finies ; d'ailleurs nous devons faire une chasse au blereau, à laquelle je suis engagé d'honneur & d'honnête homme. Pour ce qui est à l'égard du suicide dont vous me parlez, & dont vous ne me marquez pas les circonstances, puisqu'il importe d'en pénétrer les motifs, faites de votre mieux pour qu'il ne puisse parler à personne, & à mon arrivée, nous mettrons les choses assez promptement en état pour le faire apliquer à la question.

Cet homme a donné pour sa Charge vingt-sept mille francs, une fort jolie maison, & a consenti à faire sortir du Couvent une de ses sœurs qu'il avait lui-même fait enfermer, pour la soustraire aux caresses assez publiques de celui dont il a acheté l'Office. Un tel personnage serait-il Juge si cette qualité suprême n'était avilie par la plus honteuse vénalité ?

Une raison qui devrait déterminer le Prince à ne plus tolérer cet abus, c'est la maniére dont la justice est administrée. Chacun regarde sa Charge comme un fond dont il est en possession par le droit d'achat. Il le fait plus ou moins valoir selon qu'il veut plus ou moins travailler, & ne croit pas qu'on soit en droit de lui faire aucun reproche de sa paresse, parce qu'il n'est redevable de l'emploi qu'il occupe qu'à ses pistoles. Qu'un certain nombre de Magistrats malversent, on leur ordonnera de vendre; mais les acquereurs seront peut-être moins dignes qu'eux d'occuper la place qu'on leur livre. Le choix des sujets n'entrant pour rien dans cette ajudication, c'est purement une affaire de commerce.

Je sens bien qu'une grande difficulté qui se rencontre à l'abolition de cette vénalité, c'est le remboursement qu'il faudrait faire à tous ceux qui siégent en conséquence de l'argent qu'ils ont donné. Faire un tel remboursement serait fort onéreux au tresor royal, & ne le point faire, serait ruiner, ou du moins diminuer considérablement la fortune des héritiers de nos Magistrats. Cette raison est très forte, mais l'objet dont il est ici question étant de la plus grande conséquence, il s'agirait de prendre certains tempéramens, qui ,, sans endommager les finances, défrayeraient

frayeraient tous ceux qui auraient à réclamer leurs deniers. Après tout, le bien public & général paſſant par-deſſus toute eſpéce de conſidération, la ſageſſe du Prince ſuffirait pour régler les choſes de maniére qu'on ne pût être autoriſé à ſe plaindre.

Il eſt ſi certain que la vénalité des Charges eſt contraire au bon ordre, que la magiſtrature n'eſt pas le ſeul état où elle produiſe & faſſe ſubſiſter les plus grands abus.

Tout le monde ſait, par exemple, que les emplois ſe vendent à très-haut prix dans le Régiment des Gardes-Françaiſes; on n'ignore pas non plus que ſi les Officiers ſont de fort honnêtes gens, dignes d'être eſtimés à tous égards, leurs ſoldats ſont, pour la plûpart, des bandits. Les Capitaines ont beau les abandonner aujourd'hui à la vindicte publique, dès que le cas l'éxige, tout Paris ne laiſſe pas d'avoir encore beaucoup à ſe plaindre des excès qu'ils y commettent journellement. Il y a quelques années que pour réprimer cette licence effrénée, on forma le projet de les caſerner.

Quelque sage que fût cette précaution, on ne put réussir à la faire aprouver, par la raison que les Capitaines auraient beaucoup perdu. Leurs Soldats doivent être logés dans les fauxbourgs, suivant la distribution qui en est faite par la Police; or, comme ils sont pour la plûpart mariés, ou qu'ils vivent du moins comme tels, ils obtiennent la permission de demeurer où bon leur semble, & laissent au Capitaine le logement donné par la Ville, que celui-ci retire en espéces. Le Régiment une fois caserné, ce lucre cessait, & les Compagnies n'auraient plus rendu l'intérêt du capital. On sent bien que le public aurait beaucoup gagné dans cet arrangement. Tous ces escrocs, ces filoux & ces racoleurs, qui toute la nuit rodent dans la Ville & y commettent mille indignités, une fois assujettis à l'apel & consignés dans les casernes à une heure raisonnable, telle que celle du déclin du jour, n'auraient plus inquiété des particuliers qui craignent d'être enrôlés à coups de bâton, ni soutenu un nombre infini de prostituées, qui abusent de la simplicité d'un jeune libertin, pour le voler impunément. Les fauxbourgs de la Capitale n'auraient plus été infectés par le commerce criminel de ces Soldats, & le Bourgeois auroit été libre possesseur de son domicile. Voilà sans doute de grands avantages, & très-dignes de l'attention du ministére; mais les Compagnies aux Gardes coutent cent mille livres. Un autre inconvénient de la vénalité des emplois, c'est la facilité qu'elle procure à des personnes de très-médiocre origine, d'aller de pair, & souvent même d'effacer les gens de condition. Qu'un homme de mérite & devenu recommandable par sa vertu & par des actions vraiment dignes d'un Héros, soit mis au rang de ceux à qui la naissance en a transmis le sang, rien de plus juste. Mais qu'avec de l'argent on puisse acquérir le droit de se faire respecter, qu'on soit inscrit dans la classe de ceux qui ont acheté la gloire de leur nom par l'effusion de leur sang, voilà un très-grand mal, sur tout dans un Gouvernement monarchique. Car comme il est plus aisé d'amasser des tresors que de se distinguer par de hauts faits, que le danger est éminent d'une part, & qu'on ne risque rien de l'autre, le plus grand nombre bornera toute son ambition a accumuler richesses sur richesses Il ne restera donc qu'une très-petite quantité d'hommes qui courront dans le chemin de la gloire à l'éxemple de leurs ancêtres; encore seront-ils souvent tentés de découragement lorsqu'ils se verront confondus parmi une foule de Financiers, qui revêtus des mêmes dignités qu'eux, attireront les regards publics par le clinquant de leurs dorures, tandis qu'on daignera à peine jetter un coup d'œil sur le véritable brillant de la vertu. Rien n'est plus contraire à l'harmonie qui conserve un Royaume dans sa splendeur, que de confondre ainsi les états. C'est en exclure cette noble fierté qui entretient l'ame dans une perpétuelle disposition d'héroïsme & qui la porte aux plus grandes choses.

La Noblesse n'est point une chimère. Si elle n'était l'apanage que des hommes vraiment dignes de la posséder, elle mériterait des honneurs bien plus considérables que ceux qui lui sont décernés. Tous les mortels ne sont point égaux dès qu'il y a différens degrés de vertu ; or ce sont ceux-là seuls qui possédent les plus éminens à qui apartiennent les Charges & les emplois. On les leur distribuerait si on ne les vendait pas. Chacun s'efforcerait de les mériter ; on tenterait toutes sortes de voyes pour se distinguer en se rendant utile. Quelle émulation ! Les récompenses seraient précieuses, parce qu'elles ne s'accorderaient qu'à juste titre. Celui qui serait né Gentilhomme auroit droit de prétendre aux dignités, en suposant qu'il ne dégénérât pas : le roturier y seroit admis dès l'instant qu'il mériterait d'être noble, & chacun n'étant redevable de ses titres qu'à la vertu, nul ne serait exposé au mépris de son confrere, ni aux railleries de ces concitoyens. Chaque homme ainsi placé dans le rang qui lui serait propre, formerait le lien indissoluble de la société. Le Prince serait bien servi, & son peuple jouirait d'une véritable félicité. Il est plus aisé, me dira-t'on, de relever les avantages d'un tel projet que de l'éxécuter. J'entrevois toutes les difficultés qui s'y rencontreraient ; mais enfin les Charges n'ont pas toujours été vénales ; d'ailleurs si cette réforme n'est pas l'ouvrage d'un jour, combien serait-il digne d'un Monarque, tel que celui qui nous donne aujourd'hui des loix, de commencer cet ouvrage ! Quel honneur n'en rejaillirait-il pas sur tous ceux qui sont admis à son Conseil ! quelle satisfaction enfin pour un Roi de pouvoir dire, *tous ceux qui m'aprochent sont dignes de mes bontés !* Peut-il tenir ce langage lorsqu'on achete le privilége de le servir ?

Parmi tous les avantages qui résulteraient de l'abolition de la vénalité des Charges, il ne faut point oublier un accroissement d'obéissance parmi le peuple. Si ceux qui sont à la tête des affaires veulent dire la vérité, ils avoueront que l'on remarque une répugnance extrême à plier sous le joug dans toutes les personnes qui reçoivent les ordres de gens qui ne font pas faits pour en donner. On a beau dire, la volonté du Souverain ne peut supléer au défaut de mérite dans ceux qu'il rend dépositaires de son autorité; ce qu'il éxige s'éxécute, il est vrai; mais quelle violence est-on souvent obligé d'employer, & comment les choses se font-elles ? L'amour doit exciter au devoir, peut-on aimer ce qu'on méprise ? On s'aperçoit moins à Paris & dans les environs de Versailles de la difficulté que le peuple témoigne à obéir à certaines gens, parce qu'on y est sans cesse porté à la soumission par la vue d'un Prince qu'on adore; mais dans les Pays où l'on n'a pas le bonheur de jouir de son auguste présence, combien le pouvoir de tant de Magistrats & de personnes constituées en dignité ne paraît-il pas onéreux ? On n'éprouverait rien de semblable si les emplois étaient occupés par ceux qui en sont dignes, & non par ceux qui les achétent.

DE LA LITTÉRATURE.

L'Esprit est aujourd'hui si général, ou du moins on se pique si généralement d'avoir de l'esprit, que tout le monde veut écrire. De là naissent une infinité de volumes & de brochures qui ne font qu'un pas de l'Imprimeur chez l'Epicier. Le sort de pareils ouvrages est sans doute digne de leur mérite. En effet, quel fruit peut-on retirer d'une prodigieuse quantité de libelles destitués de bon sens, & qui n'ont pas même les agrémens du style ? Le but d'un Auteur doit toujours être d'instruire, ou du moins d'amuser. Il est bien des façons d'instruire l'homme, parce qu'il est bien des matiéres qu'il ignore. La plus essentielle de toutes est la connoissance de lui-même, & c'est précisément la plus négligée par nos Ecrivains. On peut lui aprendre à se connaître en cherchant à déveloper la nature de ses passions, ou en lui fournissant des exemples qui le mettent à portée de juger de lui par les autres. La premiére de ces deux méthodes apartient au Philofophe, la feconde à l'Hiftorien. L'une eft plus utile, parce qu'elle eft plus à la portée de tout le monde; l'autre eft plus abftraite & fait peu d'impreffion, parce qu'elle éxige une contention d'efprit qui fatigue & dégoûte le Lecteur. A en croire les Ecrivains fur leur parole, ils n'ont tous d'autre intention que de travailler au bien public; à en juger par leurs écrits, la plus grande partie d'entr'eux n'envifage qu'une vaine gloire ou une fordide avarice.

Le goût de la littérature eft très différent de ce qu'il était autrefois. Il n'y a pas un fiécle que toutes les connoiffances des Sçavans fe réduifaient à des dates; on fe contentait de citer en quel tems François premier régnait, & on négligeait de s'informer quelle était la forme de fon Gouvernement. On pouvait dire en quelle année tel peuple avait établi des Colonies dans une partie de la terre, mais on fe fouciait fort peu d'être inftruit de fes mœurs, de fa religion, de fa police, de l'état de son commerce, de ses forces, en un mot de tout ce qu'il est très-important de ne pas ignorer, pour s'en faire à soi-même l'aplication. Aujourd'hui nos Ecrivains célébres nous ont si fort persuadé de l'inutilité des recherches qui ne sont proprement qu'une science de Dictionnaire ; ils nous ont tellement convaincus qu'il était du plus grand intérêt de connaître la puissance de nos voisins, leurs coutumes, leurs loix & leur génie, que presque tout le monde en fait une étude. Il ne sera pas difficile d'en recueillir les fruits les plus salutaires. On évitera leurs défauts, on renchérira sur leurs vertus. Voilà l'obligation qu'on aura à ces hommes dont les écrits dureront autant que la postérité.

Si tous ceux qui se bornent à amuser le Lecteur avaient soin de ne jamais choquer les bonnes mœurs, on aurait moins à se plaindre que jamais de cette partie de la littérature. Le siécle est trop éclairé pour qu'on ose exposer au grand jour de l'impression toutes ces absurdités & ces niaiseries qui remplissaient autrefois les Bibliothéques. Le mal est qu'il régne dans nos Romans modernes un esprit de libertinage, d'autant plus dangereux qu'il est plus séduisant, parce qu'il se presente d'une maniére à ne pas révolter; ainsi le poison en est bien plus subtil.

Pour procurer un débit considérable à un Livre, il suffit d'y enveloper adroitement des sentimens contraires à la Religion, ou d'y inspirer avec finesse les passions les plus pernicieuses. C'est la principale aplication d'un grand nombre de nos Ecrivains qui donnent dans ce travers, les uns par nécessité, les autres, plus criminels sans doute, par pur amour pour le vice.

Clausias, par exemple, n'attend pas le produit d'un Livre pour payer son hôtellerie ; toutefois je l'ai vu jetter un assez joli manuscrit au feu, parce que la jeune & innocente *Héléne* l'avait lu sans rougir. Le fait est tel que je le dis. Je me hâtai de dérober son ouvrage à la fureur des flammes, il le reprit. Je l'ai lu depuis imprimé, & assurément il l'a si bien corrigé, qu'il n'y a plus à craindre qu'une coquette même puisse le lire sans risquer d'être plus que coquette. C'est peut-être à l'égard de ces sortes de Livres qu'il serait à propos d'user de la rigueur avec laquelle on en traite d'autres qui ne sont pas à beaucoup près si dangereux. Je m'explique. Un Roman propre à corrompre les mœurs, fait un ravage affreux dans le cœur & l'esprit de la jeunesse. On le laisse debiter publiquement, tout le monde l'achete & le lit. On ne s'avise pas même d'en concevoir le moindre scrupule. Le flétrir en le défendant, c'est à la vérité le faire rechercher avec plus d'avidité de la part des libertins déterminés ; mais c'est l'arracher des mains d'une foule de jeunes personnes des deux sexes en qui l'éducation & la religion entretiennent encore des sentimens d'amour pour la vertu. Je ne vois donc nul inconvénient à diffamer ces ouvrages, parce qu'encore une fois ils n'en deviendront plus précieux qu'aux petits-Maîtres & aux Coquettes affichés. Il n'y a rien à risquer vis-à-vis cette espéce de gens, mais il importe beaucoup que les cœurs qui ne font point encore gâtés, foient préfervés de ce venin : or tous ceux de la compétence de qui font ces fortes de Livres, dès qu'ils refpecteront encore la modeftie & la fageffe, n'oferont les acheter ni les lire quand on les aura déclarés criminels & traités comme tels. Cette conduite ferait un trait de prudence. En eft-ce un à l'égard des ouvrages de certains Philofophes qui ne compofent que pour les Sçavans?

Je révére infiniment tous les decrets émanés du Sénat ; mais je crois, fans manquer à ce que je lui dois, pouvoir dire mon fentiment ; le motif même qui m'engage à ne le pas cacher doit juftifier cette hardieffe.

Pour juger du mal qu'un Livre peut produire, il faut éxaminer à la portée de qui il peut être ; voilà le point capital. De cette premiére confidération, il s'enfuit une réfléxion très-judicieufe. Quel fera l'effet des foudres qu'on lancera contre cet ouvrage, tant à l'égard des gens qui font affez intelligens pour en comprendre toute la métaphyfique, que vis-à-vis ceux qui le lisent sans l'entendre parfaitement.

Qu'un Auteur sublime cache un système de matérialisme avec assez d'obscurité pour qu'il ne puisse être dévelopé que par des esprits supérieurs, est-il à propos de s'élever contre lui, & la censure qu'on en fera pourra-t'elle le décréditer ? Tous ceux qui pensent comme lui ne le liront pas moins; & tous ceux qui l'ont déja lû sans savoir ce qu'on peut y trouver de répréhensible, le reliront encore pour tâcher d'y apercevoir ce qu'ils n'ont pas eu la capacité de démêler. Un Livre tel que je le dépeins, n'affecte que faiblement les personnes d'un génie médiocre, & s'il leur fait quelques legéres impressions, elles sont bien-tôt détruites par le préjugé de l'éducation & les principes de religion, qui maîtrisent avec trop de force la conscience pour qu'ils puissent être anéantis par une lecture qu'on ne comprend pas, faute d'une assez grande intelligence. A l'égard de ceux qui y trouvent l'expression de leurs sentimens & de leur croyance, ce ne sont assurément pas toutes les déclamations qu'on pourra faire contre un tel ouvrage qui les perfuadera de fa fauffeté. Ils feront tentés, au contraire, de foupçonner d'ignorance ceux qui s'éléveront contre un pareil fyftême *vifu carentem magna pars veri latet*, ou du moins les taxeront-ils de confidérations politiques.

On ne rifque jamais rien à diffamer des Livres où la pureté des mœurs eft attaquée : tous les hommes penfent uniformement à cet égard ; mais il eft très-dangereux de couvrir d'oprobre ceux qui traitent des matiéres qui ne font pas encore bien éclaircies. On doit craindre que certains cauftiques ne s'en prévalent pour tirer en leur faveur des argumens, finon de conviction, du moins de probabilité, dont ils favent très-bien prendre avantage. On ne faurait s'imaginer l'effet que produifent ces fortes d'argumens fur toutes les perfonnes qui ne font pas affez inftruites pour réfoudre des doutes ; mais qui ne font pas non plus affez machines pour n'en point former. Je fuis donc très-perfuadé que le filence eft la voïe la plus fûre & la plus avantageufe pour faire tomber dans l'oubli ces fortes de productions.

De tout ce que je viens de dire, il ne s'enfuit pas que je blâme le zèle des Censeurs. Quant au motif, il est très-louable ; quant à l'effet, je ne crois pas qu'il en soit de même. On dira sans doute qu'en partant de ce principe, il faudra laisser une libre carrière à toutes les opinions erronées ? Tant que ces opinions n'occuperont que la plume des Philosophes, il n'y a rien à craindre du fanatisme. Si les Théologiens s'en mêloient, la thèse changerait de face ; mais ils se garderont bien d'agiter des questions de la nature de celles dont je viens de parler. Ces Messieurs sont accoutumés à disputer des mots & non des choses. Il est plus facile d'imaginer des distinctions de trente-six sortes de graces, qu'il n'est aisé de résoudre si l'ame est matérielle. Dailleurs avec qui disputeraient-ils ? Aucun d'eux ne s'aviserait d'adopter un semblable système, ce serait travailler contre ses propres intérêts : or un Philosophe ne se donnera sûrement pas

la

la peine d'entrer en lice avec eux; ou s'il peut s'y résoudre, la querelle ne s'échauffera jamais assez pour occasionner un schisme. L'excommunication sera la dernière ressource du Théologien; le silence sera sûrement celle du Philosophe. On m'accusera peut-être de contradiction avec moi-même, quand on verra que je suis porté à croire qu'il n'est pas expédient de censurer les ouvrages que je veux désigner; il se pourra faire encore qu'on me soupçonne d'être partisan du matérialisme : on sera dans l'erreur à tous égards. Mes sentimens sont très-orthodoxes, & l'article que je traite, s'accorde fort bien avec celui où j'ai cité *Euricles*. J'ai dit qu'il n'était pas digne d'un Philosophe d'aprendre aux hommes à secouer le joug salutaire de la Religion. J'ai avancé avec raison, que c'étoit ouvrir une vaste carrière au libertinage. Je le répéte encore, cette conduite est oposée même à la probité. Je voudrais néanmoins qu'on feignit d'ignorer ces sortes de Livres; car si j'ai prétendu que sur la foi des lumiéres d'*Euricles*,

Q

deux . mille personnes qui ont lu le sien, sans le comprendre, ont arboré, ceux-ci le déïsme, ceux-là le matérialisme, & que d'autres enfin ont pris le parti de se croire athées ; j'ai pensé que tous ces effets pernicieux n'auraient pas été produits par une simple lecture de son Livre. L'éclat auquel il a donné lieu, a plus accrédité son opinion que l'exposition embrouillée de son système. Je puis me tromper ; mais je jouis du droit d'être homme. J'écris ce que je pense ; mon intention est pure. *Quid verum atque decens curo & rogo, & omnis in hoc sum.*

Tout le monde est dans l'attente du sort de l'*Anciclopédie* ; chacun en raisonne conformément à la façon de penser qu'il a adoptée sur certaines matières qui causent aujourd'hui des contestations aussi contraires à l'esprit de la charité chrétienne qu'à la tranquilité de l'Etat. Les uns ne font point difficulté de dire que ce Dictionnaire doit être absolument suprimé ; d'autres qu'il convient de prescrire à ses Auteurs les matières qu'il leur est permis de traiter : or comme l'oracle qui doit décider de la valeur du Livre & de la conduite qu'auront à tenir ceux qui le composent n'a pas encore été prononcé, il est, je crois, permis à tout être pensant de s'expliquer sur ce chapitre.

Si l'on a déféré cet ouvrage devant les Juges, il ne s'ensuit pas de là que ceux mêmes qui en ont été les délateurs, l'ayent absolument regardé comme criminel ; il peut arriver qu'ils ayent agi sur des representations qu'on aura pu leur faire ; ainsi ce n'est point leur manquer que de rechercher à en prouver l'excellence, & même la nécessité.

Il est certain que si les Anciens s'étaient avisés de travailler dans ce genre, toute l'antiquité nous serait connue ; nous profiterions aujourd'hui d'une infinité de connaissances aussi agréables qu'utiles. Des secrets très-importans, tels, par exemple, que ceux de fondre la pierre, ne seraient point perdus. Nos bâtimens pourraient acquérir la solidité de ces énormes piramides d'Egypte qui semblent être d'une seule piéce. Nous saurions à quoi nous en tenir sur toutes les contradictions de tant d'Auteurs, dont les écrits ont été dictés par un esprit de parti : enfin nous jouirions des lumiéres de nos peres ausquelles nous ajouterions les nôtres, conséquemment nous serions plus heureux.

Nos ayeux n'ont pas pensé assez solidement pour nous laisser des monumens d'une telle importance ; faut-il frustrer la postérité des secours dont nous nous plaignons d'avoir été privés ? Bannissons toute espéce de prévention, nous conviendrons que ce serait faire un tort irréparable à nos descendans de proscrire un Ouvrage, tel que celui-là. En suposant qu'il s'y soit glissé quelqu'une de ces pensées hardies qu'il n'est permis qu'aux Républicains d'imprimer, est-ce un motif suffisant pour le condamner ? Il peut arriver qu'il ait offensé quelque controversiste ; faut-il armer Thémis pour le venger ? Ce n'est assurément pas ce Dictionnaire qu'on prendra pour régle de foi. Il ne s'écartera d'ailleurs jamais du respect qu'on doit aux Myftères de la Religion Chrétienne, quelques disputes de mots valent-elles la peine de donner matiére aux plaintes de toute l'Europe ?

Non-seulement il serait bien malheureux qu'on en empêchât la continuation ; mais il serait encore très-fâcheux qu'on prétendît assujettir la plume de ses Auteurs à de vaines considérations. Comment veut-on qu'il soit possible de laisser à l'avenir un tableau fidèle de notre bonheur ou de notre infortune, de nos lumiéres & de nos erreurs, de notre puissance & de notre foiblesse, si l'on nous oblige à nous montrer tels que nous devons être, & non tels que nous sommes ? La liberté d'écrire ce que l'on pense, & de rendre témoignage à la vérité, est le plus bel apanage de l'homme. Ce sont les écrits des fanatiques qu'il faut foudroyer, & non ceux des philosophes. Ce sont ces libelles diffamatoires où chacun nommé par son nom, est exposé aux yeux de l'Univers, pour scandaliser, je ne dis pas les véritables Chrétiens, mais quiconque respecte l'humanité. Voilà les véritables Titans qu'il faut réduire en poudre. A l'égard de l'Anciclopédie, je crois que ce Livre suffirait seul pour illustrer le régne d'un Prince, sous les auspices duquel il se serait composé. Je regarderai donc la permission, qui, sans doute, sera accordée pour l'achever, comme une protection duë à son mérite. Serait-il possible qu'on fût obligé de porter chez les Etrangers des tresors qui apartiennent à la Patrie? Faudra t'il rendre la Haye ou Amsterdam dépositaires de nos plus excellentes productions? Nous réduira-t'on à envier le sort de nos voisins, & travaillera t'on volontairement à détruire une des branches du Commerce?

Pour moi je suis très-assuré que le Sénat qui a pris connaissance de cette affaire, aussi sage qu'il est, & aussi attaché au bien public, justifiera la vive persuasion où sont tous les honnêtes gens, qu'il ne peut se dispenser d'honorer de sa bienveillance tous ceux qui contribueront à la perfection de ce grand Ouvrage. Le tems nous aprendra si nos conjectures sont véritables. (a)

(a) *Certains avis assurent qu'on travaille à obtenir du Roi la révocation du Privilège; si l'on y*

Une des raisons pour lesquelles l'amour des Lettres est général dans notre siécle, c'est qu'aujourd'hui toutes les personnes de qualité, s'adonnent plus ou moins à l'étude. Un Gentilhomme rougissait il y a cinquante ans de signer son nom lisiblement, aujourd'hui il aurait honte de n'avoir pas lu quelques-uns des meilleurs Auteurs anciens & modernes, de ne point être en état de juger d'une piéce d'éloquence, & de ne pas savoir les mathématiques. Nous devons beaucoup aux Anglais à cet égard. Presque tous les jeunes Seigneurs Français ont coutume de voyager, cet usage aussi agréable qu'utile, leur a ouvert les yeux sur l'état d'ignorance où ils croupissaient, faute d'éducation. Rien ne formait un contraste plus humiliant pour notre Nation, que de voir un Milord raisonner comme les Pope & les Newton, tandis que toutes les connaissances d'un Marquis Français se

réussit, sans doute que notre maître aura bien pesé les motifs qui l'obligeront à user de cette rigueur ; en ce cas la soumission duë à ce qui émane du trône doit étouffer toute espéce de murmure.

bornaient à savoir l'adresse des plus excellens Parfumeurs du Royaume. L'un citait un passage d'Homére, l'autre montrait des mouches de la bonne Faiseuse. On s'est aperçu, un peu tard à la vérité, mais enfin on s'est aperçu combien il était déraisonnable que ceux qui sont au-dessus du commun des hommes par leur naissance, leurs dignités & leurs emplois, fussent cependant infiniment au-dessous du petit bourgeois par l'esprit & la science. On a réfléchi sur les abus qui résultaient du défaut de capacité chez les grands. Enfin les nobles ont été convaincus que leur extraction ne leur imposait pas une obligation indispensable d'être ignorans & de se raprocher par conséquent de la brute le plus qu'il leur était possible. Ils ont étudié, & leur exemple, qui a toujours beaucoup de force, influant sur le reste des hommes, tout le monde aujourd'hui s'empresse d'acquérir des connaissances, qu'on regardait inutiles, parce que l'humeur féroce de nos ancêtres nous persuadait que toute l'érudition nécessaire à un Gentilhomme, consistait à savoir égorger méthodiquement son semblable

semblable, dresser des chiens & dompter un cheval.

Je n'ignore pas que certains spéculatifs prétendent qu'il n'est pas avantageux que ce qui compose le plus grand nombre dans une monarchie soit éclairé. La raison qu'ils en donnent, c'est que trop d'esprit parmi le peuple est capable de le distraire de cette soumission aveugle dans laquelle il est expédient de le maintenir. Ce sentiment ne me paraît pas raisonnable, & ne pourrait acquérir quelque vraisemblance qu'à l'égard d'un gouvernement despotique. Tout devant y être assujetti à la volonté d'un seul homme, qui, sans aucune forme de justice, ordonne & exécute ce qui lui plaît, il aurait peut-être à craindre que la multitude une fois au-dessus de cette ignorance crasse qui entretient l'ame dans un état d'avilissement, ne cherchât à se soustraire à ses caprices : mais dans une Monarchie où le Législateur même veut bien se soumettre à la loi, où tout se régle & se conduit avec des formalités qui donnent du moins les plus grandes aparences d'équité & de raison, je ne vois pas qu'il y ait du danger que les grands & les petits s'adonnent à l'étude.

Un autre inconvénient, disent ces politiques, c'est qu'il est à apréhender que le peuple néglige les arts mécaniques pour courir après les langues, & toutes les autres sciences qui doivent être le partage des gens qui ne sont pas obligés de travailler de leurs mains pour vivre. Le testament attribué au Cardinal de Richelieu, semble désaprouver par cette considération la multitude des Colléges. Le sentiment d'un homme aussi capable de décider ce qui est expédient ou nuisible à un Etat, est, sans contredit, une grande autorité; cependant il se pourrait faire qu'il eût envisagé les choses avec un peu trop de prévention. Quoiqu'il en soit, une preuve qu'il s'est trompé, c'est que les Colléges ne sont pas moins nombreux qu'ils l'étaient de son tems; au contraire, il s'en est établi beaucoup depuis lui dans toute l'étendue du Royaume; on y enseigne la jeunesse gratis; on excite son émulation par tous les moyens imaginables; toutefois nous ne manquons pas d'artisans.

DES MODES.

DÉclamer contre toutes les extravagances des Français, en fait de Modes, c'est avoir envie d'écrire pour consommer du papier & ennuyer les Lecteurs. On peut dire en général que les Modes sont modestes & indécentes, sages & extravagantes, économes & dispendieuses. Voilà je crois la meilleure façon de les caractériser. Chacun en fait usage suivant le genre de son humeur. Une femme raisonnable est enchantée qu'on ait presque totalement suprimé les panniers, parce qu'elle s'en trouve plus à son aise ; une coquette se plaît à porter des robes ouvertes, parce qu'elles donnent un air de liberté. C'est peut-être aussi matière à de plus fréquentes tentations. Une mere de famille adopte la coiffure qu'on nomme cabriolet, parce qu'elle n'a point de tems à perdre à une longue toilette ; une fille du monde la recherche, parce qu'elle est charmée de découvrir quelque nouvelle grace

R

sous cette espéce de bonnet. C'est un filet tout récemment tendu pour ceux qui préférent l'art à la belle nature. Les aigrettes sont du goût de celles qui ne sont pas assez prodigues pour se parer tous les jours avec des dentelles de deux cens pistoles. D'autres les achetent pour exposer aux yeux du public mille colifichets d'un prix éxorbitant & qu'on ne porte qu'une fois. C'est ainsi qu'on peut convertir en bien ou en mal presque tout ce qui est en usage dans la société.

L'étourdie court après les Modes, l'homme sensé s'y conforme & en tire le parti le plus utile. Jamais elles n'ont été plus variées, & quoiqu'on en puisse dire, c'est une preuve d'opulence. On a beau aimer le luxe, on se prive du faste quand on n'a pas le moyen d'être splendide. On ne peut disconvenir non plus que tous ceux qui travaillent à inventer des Modes n'ayent pour but de joindre le commode à l'agréable. Notre façon de nous habiller, de nous coiffer & de nous chausser est plus analogue à la construction de notre corps qu'elle n'a jamais été. Nos équipages lestes & bien coupés, sont plus maniables que ces boëtes énormes qui pulvérisaient le pavé & ruinaient les Chevaux. Les surtouts dont on fait usage dans toutes les grandes tables, sont des plats d'économie ; nos bâtimens sont plus clairs, & par conséquent plus sains que ceux de nos peres. En un mot, si l'usage qu'on fait des Modes était réglé par la raison, bien loin d'en blâmer les inventeurs, on serait forcé de convenir qu'on leur a quelqu'obligation ; encore faut-il avouer que malgré tous les abus qui en naissent, on leur est cependant redevable, parce que les personnes de bon sens savent les mettre à profit.

Il est des gens qui voyent tout avec chagrin, c'est le propre d'un tempérament bilieux : pour moi je trouve plus de bien que de mal dans l'arrangement de ce qui s'offre à mes regards, & j'oserais soutenir que si l'on faisait une juste estimation des avantages que le mal même aporte, on serait contraint de s'écrier : oui, tout est bien. Il est sans doute aisé de tourner ce sistême en ridicule. Il ne s'agit que d'opofer avec un peu d'adreffe la profpérité des méchans, à l'infortune & aux difgraces des bons. Ce feul parallele fuffit pour fafciner des yeux peu clair-voyans; mais revenu de la premiére furprife, & même de l'efpéce d'indignation qu'on éprouve quand on voit un honnête homme devenir la victime des complots d'un fcélérat; lorfqu'on fe donne la peine d'éxaminer la chaîne d'événemens qui donne lieu à cette efpéce de mal, on s'égare dans un fi prodigieux dédale de réfléxions contradictoires, qu'on eft au moins dans l'incertitude fur le jugement qu'on en doit porter. Mais revenons aux modes : la digreffion n'eft éxcufable que parce qu'elle n'eft pas longue.

Il n'eft pas furprenant de voir prefque tout le monde rechercher la nouveauté en fait d'ajuftemens, d'étoffes & d'équipages. Rien n'eft plus naturel à l'homme, & fur-tout au Français, que l'amour du changement. C'eft un bonheur pour l'Etat, puifque l'induftrie & le commerce y gagnent. On a beau s'emporter avec tout le zèle que l'amour de la simplicité & de la modestie, inspire contre les ornemens mondains, il ne s'en débitera pas par année pour cinq sols de moins qu'on n'aurait fait si l'on s'épargnait des remontrances si vaines ; cependant s'il était possible que ces déclamations produisissent l'effet que leurs auteurs n'en attendent point, & que même ils ne souhaitent pas, ce serait un des plus grands maux que la société pût éprouver. Heureusement nous n'avons rien à apréhender à cet égard. Les riches aimeront toujours le luxe, par conséquent les pauvres trouveront leur subsistance dans les soins qu'ils prendront de travailler à les satisfaire. En préconisant les avantages qu'on tire du débit des Modes, je sens tous les inconvéniens qui résulteraient de l'excès où la vanité pourrait les porter. La Police sait y mettre bon ordre. On ne souffrira pas que *Laïs* aille aux ténébres de Long-Champ dans un char dont le harnais des chevaux brillera de plus de feux qu'elle n'en a allumé d'impudiques.

Il n'apartient qu'aux grands de donner le ton. Ceux qui, sans en avoit le droit, cherchent à se l'arroger, se distinguent il est vrai, mais c'est en se rendant ridicules & en devenant la fable de la Cour & de la Ville.

Je ne sais quel est le plus insensé, de *Florimont* qui se met à la torture pour imaginer une coiffure nouvelle, ou de *Tristius* qui s'obstine à montrer une tête chauve plutôt que de prendre perruque. Tout bien examiné, il vaut mieux être coquet que dégoûtant.

Je ne crois pas qu'il soit jamais possible de prescrire des bornes raisonnables à tout ce qu'on apelle Mode. Comment régler une chose qui est du ressort des coquettes & des petits-maîtres?

Les boutiques des Marchandes de Mode sont le rendez-vous des jolis hommes, des Abbés & des filles de joye. Le joli homme se pavane sur le portique en ouvrant avec élégance une tabatière que la fille de joye s'aproprie aux dépens d'une minauderie, tandis que l'Abbé en compte à la petite Marchande. J'ai rencontré des femmes qui se faisaient un revenu de toutes les pretintailles qu'elles ramaſſaient les quinze premiers jours de l'an. J'ai vu d'aimables ſots qui avaient pour vingt mille francs de comptes ouverts au Palais, ſans pouvoir ſe vanter d'avoir eu la moindre faveur en échange des flacons, des éventails & des néceſſaires. Certain Abbé très-connu, & qui reçut l'année paſſée les étriviéres par les Domeſtiques du P. de * * * a vécu pendant trois ans aux dépens d'une Marchande de Mode chez qui il a placé quatre jeunes tendrons à qui il avait donné les premieres leçons d'amour.

Quoiqu'on puiſſe dire contre les Modes, parce qu'elles entretiennent un eſprit de prodigalité & de diſſipation parmi une foule de jeunes gens des deux ſexes, je ſuis ravi qu'elles ſoient plus abondantes dans ce ſiécle qu'elles n'ont jamais été. C'eſt une preuve de notre aiſance.

Il y a deux ans que me promenant au Palais la veille du premier de Janvier à huit heures du ſoir, jour où l'on rencontre un concours prodigieux de monde qui s'empreſſe à acheter mille bagatelles, ou à jouir du coup d'œil ravissant que présentent toutes les boutiques de bijouterie, j'acostai un grave personnage que je reconnus pour un fameux Prédicateur, qui venait de remplir la chaire de saint G. pendant l'Avent. Cet homme dont la sévérité est outrée, s'était fort étendu dans un de ses Sermons sur la frivolité des Modes, qu'il regardait, disait-il, *comme le tombeau de l'innocence chrétienne.* Il est certain que les boutiques des Marchands du Palais étaient beaucoup moins brillantes, il y a deux ans, qu'elles n'ont coutume d'être, à raison de la misére des tems, suite inévitable de la guerre. Je liai conversation avec lui ; & comme je lui faisais remarquer cette différence : *Hélas !* me dit-il, *Monsieur,* avec le ton le plus patétique & le plus capable d'inspirer de la douleur, *nous devons gémir sur nos malheurs ; cette diminution de gaïeté & d'affluence de monde dans toutes ces boutiques, doit pénétrer un bon Citoyen.* Mon premier mouvement fut d'aplaudir son sentiment, & venant à réfléchir sur le chagrin qu'il témoignait de voir les Marchandes de

Mode étaler & vendre beaucoup moins de pompons, de mouches & d'aigrettes qu'à l'ordinaire, je concluai qu'il aimait encore mieux qu'on laissât *l'innocence chrétienne au tombeau*, que de la voir reſſuſciter aux dépens de notre bien-être.

DES SPECTACLES.

LEs Spectales ont causé de tous tems de grandes discussions. Suivant les aparences elles ne finiront jamais, parce qu'il y aura toujours des gens qui se feront un devoir de les mettre infiniment au-dessous de ce qu'ils sont, & d'autres beaucoup au-dessus de ce qu'ils peuvent être. Depuis quelque tems on se contentait d'aller au Spectacle, sans raisonner sur sa valeur intrinséque, ni sur le dégré d'estime qu'on pouvait accorder à la profession du Comédien. La querelle vient de se renouveller. *M. Rousseau* a déployé l'étendart de la discorde, il a attaqué *M. d'Alembert* qui s'aprête à justifier ce qu'il a dit à l'avantage de la Comédie dans le Dictionnaire Anciclopédique. Son ouvrage est sous presse, nous verrons quelles armes il oposera à celles dont le Citoyen de Genève s'est servi pour couvrir d'infamie le Théâtre & les Acteurs, quoiqu'il ait travaillé pour eux. Nous avons déja vu de quelle maniére Messieurs de *Marmontel*, *Freron* & *Laval*, ont réfuté son livre. M. *d'Alembert* ne nous laissera, sans doute, rien desirer à cet égard ; cependant après la lecture du pour & du contre, chacun des Lecteurs demeurera dans l'opinion qu'il avait adoptée sur cette matiére. Ceux qui se sont mis au-dessus du préjugé ne s'y assujettiront pas, parce que M. Rousseau l'autorise ; & ceux qui y sont asservis n'en secoueront point le joug, parce que quelques personnes de bon sens en auront démontré toute l'absurdité.

Les Spectacles sont le rendez-vous de tous les honnêtes gens qui viennent y prendre une récréation quelquefois nécessaire, souvent utile, & toujours raisonnable. Je n'ai jamais bien compris le motif de l'acharnement de certains personnages contre ce genre d'amusement, mais je sais que me trouvant un jour chez un Commandant de Place, un Directeur de Comédie vint lui demander la liberté de donner quelques représentations & l'obtint. Cette nouvelle répandue dans la Ville y caufa beaucoup de joïe. Le lendemain le même Commandant envoya chercher le Directeur & lui dit : *Je vous avais permis, mon ami, de jouer ici la Comédie, vos Camarades les Missionnaires s'y oposent ; je suis fâché qu'il y ait jalousie de métier.* Il fallut céder au plus fort.

Je n'ai pas besoin de répéter que j'écris en Philosophe politique, & qu'ainsi je ne considére les objets que relativement au bien ou au mal qu'ils peuvent aporter dans la société. Les Spectacles, sous ce point de vue, me paraissent beaucoup plus utiles que préjudiciables. Ils entretiennent l'amour des talens ; ils excitent l'émulation des Artistes ; ils servent enfin de passe-tems à une infinité d'hommes que l'oisiveté conduirait à la taverne, à la roulette, ou chez *Messaline*.

Pour juger de l'effet des Spectacles, il faut éxaminer leur nature. L'Opéra est une Académie de Musique, où tous les Arts se réunissent pour étonner, émouvoir & attendrir. Ces sortes de Spectacles en rassemblant un grand nombre de personnes, contribuent à polir les mœurs & rendent la société plus amicale. Tout y respire l'amour, j'en conviens; mais cette passion est la plus noble & la plus belle de toutes : c'est elle qui éléve l'ame au-dessus de l'humanité, & qui la provoque à l'héroïsme. D'un lâche elle sait faire un Achille. Par elle, la dureté du caractére s'adoucit, & la fierté s'humanise; c'est elle enfin qui rend la vertu aimable en la dépouillant de cette austérité qu'elle emprunte de la rudesse. Je sais que cette passion est cause d'une infinité de maux; mais je n'ignore pas que sans faire attention au principe universel de toutes choses, qui est l'amour, on releve avec emphase le mal qu'il procure, sans éxaminer qu'il est seul & unique auteur de tout le bien qui se fait dans l'univers. Qu'ai-je dit ? quel orage va s'élever contre moi ? Dût la foudre m'écraser, oui l'amour, le seul amour est le principe universel, le premier moteur de tout, comme il en est le terme. Quel danger y a-t'il donc à nous entretenir d'un penchant auquel la nature nous a assujettis ? quel inconvénient y trouve-t'on, sur-tout lorsque dans l'image qu'on nous en présente, on ne nous fait apercevoir que des traits de fidélité & de tendresse autorisés par le devoir ?

Je ne prétens point dire que l'Opéra ne soit capable de donner certaines impressions de vice, sur-tout à la jeunesse ; mais comme il n'est rien de parfait sur terre, & que les meilleures choses peuvent se convertir en mal, il n'est pas naturel de priver la société d'un de ses plus nobles amusemens, parce qu'il peut porter préjudice à un petit nombre de citoyens. On trouve à l'Opéra ce qu'on voit tous les jours dans les cercles, des femmes coquettes, des hommes qui aiment le plaisir, des intrigues, des amourettes. Tant que le bien public se rencontrera parmi tous ces défauts, il faut éviter de rien changer à l'ordre des choses. *Severius* excommuniera *Orphée*, qui ne laissera pas de chanter sa victoire. Tout est mal, tout est bien, ne portons point d'atteinte

teinte à l'harmonie qui régne dans l'univers.

Le Théâtre des Comédiens réunit deux genres de Spectacles, le tragique & le comique. Il peut fournir une infinité de leçons de morale la plus épurée. Les seuls esprits prévenus ou intéressés à nier cette vérité en disconviendront.

La tragédie nous remet devant les yeux des traits d'histoire où l'on montre le vice sous la forme qui lui est personnelle ; c'est-à-dire, qu'on l'expose d'une maniére à exciter l'horreur & l'indignation. Il est enfin toujours accompagné des punitions, ou du moins des remords qui en sont inséparables. La vertu, au contraire, au milieu même des tempêtes qui l'agitent, en butte à l'envie, à la méchanceté & à tous les artifices des calomniateurs, brille de l'éclat qu'elle n'emprunte que de sa simplicité & de la justice. Si elle n'est pas quelquefois récompensée comme elle le mérite ; c'est qu'il n'est point permis de changer le fond du sujet que l'on traite : or comme il n'arrive que trop souvent de voir

S

des gens vertueux privés des avantages dont ils sont dignes, on représente les objets tels qu'ils sont, & l'on se contente de relever le mérite de la vertu, de la peindre aussi aimable qu'elle est, pour en inspirer l'amour au Spectateur, tandis qu'on provoque sa haine & son mépris à l'égard de tous ceux qui opriment l'innocence. Il suffit de jetter les yeux sur quelque tragédie que ce soit pour se convaincre de cette vérité. Quel espéce de mal peut-il résulter de la représentation de ces piéces ? Les Grecs, les plus sages de tous les hommes, ont été les premiers inventeurs des scènes tragiques. Ils s'en servaient comme du moyen le plus efficace pour instruire le peuple : par cette raison leurs Prêtres étaient leurs Acteurs. Aujourd'hui la sainteté du ministére des nôtres ne ferait pas compatible avec cette profession ; mais aussi ceux qui l'éxercent ne devraient-ils point être l'objet de leur animosité, ne fût-ce qu'à raison de l'origine.

La comédie est le tableau de nos mœurs. C'est une école où chacun peut aprendre les devoirs de son état, en remarquant tous les défauts qui se glissent dans la société. C'est une maniére d'instruire & de censurer d'autant meilleure, qu'elle égaye l'esprit en parlant au cœur. L'aigreur accompagne presque toujours les réprimandes de ceux qui sont en droit d'en faire, & c'est peut-être la cause la plus ordinaire de leur inutilité. Les Comédiens, au contraire, debitent leur morale de la maniére du monde la plus capable de faire impression, parce qu'ils mettent en action tout ce qu'ils veulent exprimer, & qu'ils paraissent toujours exempts de ce fiel qui répand une amertume insuportable sur les remontrances. Un avare se plaît à voir *Arpagon* qu'il blâme, lors même qu'il imite son avarice. L'attention qu'il aporte au jeu de ce personnage, lui suggére des réfléxions dont il y a lieu d'espérer qu'il profitera, parce qu'on l'instruit sans l'ofenser. *Tartufe* dévoile tous les secrets ressorts de l'hypocrisie, & enseigne au public à se méfier de l'affectation & de la forfanterie des bigots. En un mot, il n'est guéres de comédies qui ne puissent devenir d'une fort grande utilité, parce qu'il y en a fort peu qui n'aient pour but de rediculiser le vice. S'il s'en rencontre où l'on remarque une trop grande liberté dans les expressions & dans la matiére que l'on traite, c'est à la Police à défendre de les jouer, si l'avidité du gain détermine les Comédiens à les afficher. Quiconque peut empêcher le mal par un seul acte de sa volonté, se rend très-coupable lorsqu'il le tolére. Je suis surpris, par exemple, qu'on autorise la représentation de *Turcaret*, de la *Comtesse d'Orgueil*, du *Tambour nocturne*, du *Bal d'Auteuil*, & de quelques autres piéces semblables qui dégradent la Noblesse du Théâtre, & qui donnent matière à tous les reproches dont on l'accable. On devrait en bannir ces bas équivoques qui font rire les gens sans éducation, & qui révoltent toutes les personnes qui pensent. Sur le pied où le théâtre est aujourd'hui, il ne ferait peut-être pas difficile de parvenir à une réforme complette ; les piéces modernes sont très-épurées, il ne s'agirait que d'en proscrire quelques anciennes. Si cette conduite n'était pas capable de le réconcilier avec les dévots, peuple toujours armé de grifes, du moins elle ferait honneur aux Comédiens, augmenterait l'estime que les honnêtes gens ont pour ceux d'entr'eux qui méritent d'être distingués, & peut-être déterminerait les Ecclésiastiques à révoquer leurs censures. Au reste, s'ils n'en recueillaient pas ce dernier avantage, dont ils pourraient être privés par des raisons de politique, ils n'auraient plus rien à se reprocher : alors on dirait avec raison, *fulmen male fulminatum fulminat fulminantem.*

L'excommunication portée contre les Comédiens passe pour le chef-d'œuvre du zèle & de la discipline de l'Eglise dans l'esprit des fanatiques, des ignorans & de la populace. Conséquemment ce préjugé doit être fort étendu, parce que la classe des personnages que je viens de désigner est fort nombreuse ; c'est le gros du public. Heureusement pour les Comédiens ils sont dédommagés par la façon de penser de tous les êtres qui raisonnent. Ils sont les maîtres de faire rougir de honte les auteurs de cette injuste prévention par leur conduite. Qu'ils ne s'en prennent qu'à eux-mêmes, s'ils ne jouissent pas de l'estime qu'ils pourraient mériter de la part des citoyens éclairés : des mœurs plus pures ; des sentimens plus nobles, moins de faste & plus de modestie les mettrait à l'abri de beaucoup de mortifications.

Il est certain que l'excommunication dont ils se plaignent avec justice, est la preuve la plus claire de l'inconséquence qu'on a lieu de reprocher aux Français. Ils sont à cet égard une espéce de schisme avec l'Eglise de Rome ; demandez-leur-en la raison, je leur défie d'en fournir une qui soit plausible. Il y a quelque-tems que j'éxaminais avec un des plus respectables Sénateurs du Royaume, tout le ridicule de ces censures. Après bien des réfléxions de part & d'autre ! *Je vous avoue*, me dit-il, *que rien n'est plus absurde que l'obstination dans laquelle on est d'anathématiser les Co-*

médiens, tandis que le Pape les admet dans le sein de l'Eglise. Cette conduite peut donner matiére à des argumens dont on peut tirer avantage pour prouver que la Religion sert de prétexte à la politique ; car, ajoûta-t'il, on n'use de cette rigueur à leur égard, que par la crainte où l'on est qu'une infinité de jeunes gens de famille séduits par l'extérieur brillant des Acteurs & les charmes des Actrices, ne renoncent aux occupations ausquelles on les destine pour embrasser cette profession. Il en résulterait de grands maux par la mésalliance des familles, & l'abandon des Charges & des dignités que les peres & meres veulent transmettre à leurs enfans. Pour prévenir un abus si dangereux, nous n'avons trouvé rien de plus propre que d'attacher, par le ministére des Prêtres, une note d'infamie à l'état du Comédien ; bien persuadé que le peuple qui donne dans un préjugé par principe de religion, ne s'en départ jamais. Conséquemment le mépris de la nation pour ceux qui se consacrent au théâtre, devait nécessairement mettre un frein au penchant que la jeunesse ne montre que trop à l'embrasser.

Remarquez encore que par une suite de cette excommunication les peres & meres sont en droit de deshériter leurs enfans : or ceux qui braveraient le préjugé ne se détermineraient peut-être pas si aisément à se voir frustrés d'un bon héritage. La preuve de ce que je vous avance, c'est que n'ayant point à redouter des Comédiens Italiens, les mêmes inconvéniens que nous craignons de la part des Français, nous avons excommunié ceux-ci, & nous n'avons fait aucune difficulté d'inscrire ceux-là au rang de tous les autres fidèles Catholiques, quoique ces derniers soient beaucoup plus libres, & qu'à la réserve d'un petit nombre de piéces, telle qu'Arlequin sauvage, toutes leurs Comédies soient pleines d'indécences & peu susceptibles d'inspirer des sentimens d'honnêteté.

Je ne pus me refuser à l'évidence de cette vérité ; mais avant d'en paroître persuadé, je lui fis observer que l'excommunication avait été lancée dans des tems où on n'avait pas lieu de craindre

dre que les jeunes gens de famille prissent le parti du théâtre. Il en convint avec moi, & me répondit, que cette sévérité dans son principe avait été très-raisonnable, parce qu'une foule de gens sans aveu s'étaient érigés en Comédiens, & qu'aussi dissolus dans leurs mœurs qu'infâmes dans leurs jeux & leurs propos, on avait dû les traiter comme l'excrément du genre humain; que cette espèce de vermine, capable d'empester le public, n'avait jamais dû être regardée comme méritant le nom d'Acteur; mais qu'en ayant usurpé le titre, ils avaient autorisé toutes les personnes qui n'ont point de discernement, à confondre d'honnêtes gens avec cette vile canaille.

On a bien aperçu, continua-t-il, toutes l'extrême différence qui se rencontre entre ces odieux Baladins & les Comédiens; mais comme leur art, quoique fort épuré, ne pouvait acquérir un certain degré d'estime à raison du préjugé occasionné par son propre nom, on s'est bien donné de garde de retirer l'anathème dont on l'avait chargé, par la crainte d'engager une jeunesse trop adonnée au plaisir à renoncer aux devoirs essentiels de la société pour prendre le parti du théâtre. Je ne desespére pas, me dit-il encore, qu'on ne se relâche par la suite de cette rigueur ; mais avant d'en venir là, il faut qu'on ait une façon de penser sur les Comédiens assez juste pour qu'ils ne soient ni plus considérés ni plus avilis que leur état le mérite. On doit se garder par respect pour la Religion de rompre en visière à tout le peuple, s'il s'obstine à persister dans sa mauvaise opinion, & on doit également craindre de répandre trop de lustre sur la profession des Acteurs s'ils parviennent à obtenir un dégré supérieur d'estime. Cette politique nécessaire est très disgracieuse pour ceux qui sont dignes de la considération de leurs compatriotes ; mais il faut laisser au tems à remédier à un mal qui paraît jusqu'à present sans remède. Pour les dédommager en quelque manière d'une trop grande sévérité de la part de l'Eglise, nos Rois leur accordent des pensions & leur donnent des marques de bienveillance qui sont un témoignage assez évident du peu d'attention qu'on fait aux foudres dont on les a frapés, mais qu'on n'ose encore éteindre. Il me cita cette déclaration de Louis XIII. du 16 Avril 1641, qui ordonne, qu'en cas que les Comédiens réglent tellement les actions du théâtre, qu'elles soient toujours exemptes d'impureté, il voulait que leur exercice qui peut innocemment divertir ses sujets de diverses occasions mauvaises, ne leur puisse être imputé à blâme, ni nuire à leur réputation dans le commerce public.

Il est certain qu'une déclaration de cette nature, publiée par les conseils & sous les auspices d'un Ministre Cardinal, est très-capable d'émousser les traits que l'Eglise Gallicane a lancé contr'eux. Comment excommunier raisonnablement des personnes dont l'exercice ne peut être imputé à blâme, ni nuire à leur réputation? Je n'ai pas assez d'esprit pour concilier cette oposition. Le Cardinal de Richelieu a-t'il pu, comme Prêtre de cette même Eglise, lui donner cette mortification, ou n'avait-il pas assez de lumiéres pour en sentir toutes les conséquences? Ce grand homme a sans doute préféré

T 2

dans cette occasion l'équité naturelle à la politique. Que de scandales n'aurait-on pas évité, si en imitant son amour pour la justice, on avait cessé de flétrir des gens dont la profession autorisée par le Prince, n'a rien d'avilissant ni de méprisable !

Quand je me plains des scandales que cette rigueur déplacée occasionne, ce n'est pas sans sujet. On sait que Mademoiselle le Couvreur, qui faisait les délices de tout Paris, fut privée de la sépulture ecclésiastique, parce qu'elle n'eut pas le tems de faire sa renonciation, étant morte presque subitement. Le Curé de sa Paroisse, digne de grands éloges, à certains égards seulement ; cet *Ariste* enfin, dont j'ai parlé dans le cours de cet Ouvrage, refusa de l'enterrer parmi les Fidèles, quoiqu'elle eût témoigné un extrême désir de recevoir les derniers Sacremens, & qu'elle fût morte dans le tems qu'elle avait envoyé chercher un Prêtre. Les amis de cette sublime Actrice l'inhumérent clandestinement, à la honte de toute la France, qui, par une ingratitude barbare, refusait une legére marque d'estime à la cendre de celle dont elle avait si fort aplaudi les talens. Quelques jours après cette triste cérémonie, quelqu'un fut trouver *Ariste*, & lui dit qu'en faveur des sentimens de piété que Mademoiselle le Couvreur avait montré en mourant, & en considération des demandes réitérées qu'elle avait faite d'un Confesseur, on aurait dû user de quelqu'indulgence à son égard, étant certain que le vouloir est réputé pour le fait auprès de Dieu. *Ariste* n'eut pas de peine à démontrer qu'il avait agi comme il le devait; la force de la loi était pour lui. On le laissa débiter toute l'austérité de sa morale; & après l'avoir écouté paisiblement : savez-vous bien, lui dit-on, qu'elle avait une volonté si déterminée de se soumettre à la discipline de l'Eglise lorsqu'elle a fait apeler un Prêtre, qu'elle a chargé des amis, témoins de ses derniers soupirs, de donner un diamant & un colier de la valeur de 6000 liv. pour orner le soleil de votre Paroisse, au cas que vous l'enterrassiez comme elle l'espérait ? *Pourquoi donc ne m'avoir pas instruit plutôt de ces pieuses intentions ?* repliqua Ariste, *il n'est pas possible à présent de la faire déterrer: on m'a dit qu'on avait jetté de la chaux sur son corps.*

En dépit de l'aveugle superstition, Voltaire a fait son Apothéose, & les talens ont gravé son nom au Temple de Mémoire.

Je n'ai point d'intérêts à défendre la cause des Comédiens, je n'en connais aucun particuliérement ; mais s'il m'était permis de m'expliquer aussi clairement que je le pourrais, pour prouver que la seule politique a su armer le fanatisme contr'eux, je ne laisserais aucun doute sur l'ignorance ou la mauvaise foi de leurs censeurs. Brisons là. Il est des choses qu'on est contraint de taire, d'ailleurs après les graces dont le Souverain les honore, ont-ils besoin d'Apologie ? La postérité aprendra que Le Roi Trés-Chrétien, Louis le Bien Aimé, par une bonté digne de sa magnificence royale, vient d'orner le portrait d'une Comédienne, & a ordonné pour que ce témoignage de bienveillance fût constaté d'une maniére autentique, qu'on plaçât les armes de France en relief sur la bordure de ce tableau.

>Tandis qu'un Cagot en soupire,
>Plus d'un Prélat, chére Clairon,
>Qui comme moi ne fait que rire
>De l'excommunication,
>Abandonnant Mitre & Bréviaire,
>Plutôt aujourd'hui que demain,
>Endosserait l'habit Romain,
>Pour faire un nouveau Séminaire,
>S'il espérait d'un tel honneur,
>Instruit par toi dans l'art de plaire,
>Partager un jour la grandeur,
>Et les hommages de la terre.

En faisant remarquer à certaines personnes toute la contradiction qui se rencontre dans la conduite qu'on tient à l'égard des Comédiens, j'en ai rencontré qui voulaient raisonner par principes & qui me disaient, qu'il ne fallait pas juger de cette profession par les anathêmes, ni par les distinctions qu'elle éprouve, mais par sa propre essence. Lorsque j'ai eu affaire à des rigoristes qui n'oposaient à chaque instant de grands mots vuides de sens, & qui, semblables à Sœur Agnès, se confessaient d'avoir tué une puce avec colére, ou d'avoir mangé les parties honteuses d'un harang, je me suis contenté de rire : mais quand j'ai parlé à des hommes, je leur ai demandé en quoi ils faisaient consister l'essence de cette profession, puisqu'ils voulaient qu'on jugeât d'elle parce qu'elle est en elle-même ? Ils ont été obligés de convenir que l'art du Comédien n'était autre que le talent de captiver l'imagination, & de fasciner tellement les yeux du Spectateur, qu'on parvînt à lui persuader qu'une action faite il y a cent ans, se passe dans l'instant qu'on la lui represente, en l'affectant des sentimens qu'il aurait éprouvé s'il en avait été réellement témoin. Cela posé, je ne vois pas ce qu'il y a d'infâme dans l'éxercice de cet art. Il s'agit de savoir si ce qu'on represente est digne de louange ou de blâme ; car si le vice prend la place de la vertu dans

la

la bouche des Acteurs, certainement ils doivent être proscrits ; mais si au contraire ils sont très-attentifs à ne rien exposer en public que de conforme à la pureté des mœurs, qu'a-t'on à leur reprocher ? Ils n'ont pas toujours été, dit-on, si scrupuleux ; mais ils le sont aujourd'hui : il est donc de la raison de les distinguer, puisqu'ils ont sû se distinguer eux-mêmes.

Croit-on avoir un motif suffisant de couvrir d'oprobre une infinité de Citoyens, parce qu'on dira que leur métier est contraire à la rigidité de l'Evangile qui nous menace de nous faire rendre compte d'une parole oisive ? Les discours des Comédiens ne doivent pas être tels, puisqu'ils tendent à faire haïr le vice, & à rendre à la vertu les hommages qu'on lui doit. On ne trouve, dit-on, au théâtre qu'esprit de dissipation, & qu'occasion prochaine d'immodestie & d'impureté. Qu'on anathématise donc aussi toutes les promenades, & peut-être qu'en faisant un éxamen sérieux de tous les lieux où des abus de différent genre produisent de très-grands scandales, la foudre percera jusques dans le lieu saint. Les

V.

rendez-vous font plus fréquens & plus faciles dans un de ces endroits que dans l'autre, & il ne s'y peut commettre aucune espéce de mal qui n'entraîne d'affreuses conséquences. Est-il du bon sens de juger de la nature d'une chose par quelques effets qui ne lui sont point propres & personnels ? La Comédie & les Comédiens ne subsisteraient pas moins, quand on en bannirait les propos licencieux des petits Maîtres & les indécences des coulisses ; qu'on laisse donc à la Police & aux Directeurs des consciences, le soin de chercher à rectifier ce qu'il y a de défectueux parmi un petit nombre d'Acteurs & de Spectateurs, mais que la stupidité & la superstition n'allument plus les flambeaux de la discorde, pour diviser des Concitoyens & les élever les uns contre les autres.

Puisqu'il n'est pas possible de régler le jugement du peuple à ce sujet suivant la droiture & l'équité, parce que les Ecclésiastiques ne veulent point permettre aux Séculiers de jouer la Comédie, pourquoi, dira-t-on, s'obstiner à embrasser l'état de Comédien ? Pourquoi ? parce que la plûpart des Acteurs n'ont point d'autre reſſource, ayant été deſtinés au théâtre dès leur enfance ; parce que d'autres ont été très-heureux de trouver ce moyen de ſubſiſtance après des revers de fortune, parce qu'enfin ceux qui ont des talens ſupérieurs ne ſeraient pas maîtres de le quitter ſi leur deſertion pouvait entraîner ſa ruine. Il faut donc qu'il y ait néceſſairement des Comédiens. Heureux, quoiqu'on en puiſſe dire, tous ceux qui pourront atteindre à la perfection de quelques-uns d'eux ; malheureux ceux qui, ſans y pouvoir parvenir, ſont obligés indiſpenſablement d'en éxercer la profeſſion.

F I N.

TABLE DES MATIÈRES.

De la Religion,	1
Des Femmes,	19
De la Justice,	32
Du Militaire,	37
De la Finance,	49
Du Commerce,	56
Des Moines,	77
Des Médecins,	113
De la Cour,	126
De la Ville,	141
De la Province,	150
De la Vénalité des Charges,	158
De la Littérature,	176
Des Modes,	195
Des Spectacles.	204

Fin de la Table.

www.ingramcontent.com/pod-product-compliance
Lightning Source LLC
Chambersburg PA
CBHW070530170426
43200CB00011B/2380